中等职业教育课程改革创新教材
金融事务专业系列教材

金融客户服务与技巧

丛书主编　何冯虚

主　　编　陈　捷

副 主 编　向彩云

参　　编　吴　燕　黄华兰

机械工业出版社

本书基于中等职业教育的教学特点，以提供适应中等职业教育金融事务专业毕业生就业岗位必需的职业意识和技能为出发点，着重培养学生的客户服务技能，掌握各项银行客户服务技巧。本书以"做中学、做中教"为理念，在解构传统学科体系及教学方法、教学内容上做了新的尝试：构建以实践能力为本位、以项目课程为主体的模块化课程体系，以实际工作案例和情境体验作为学习方式，同时通过任务引领、知识铺垫、效果评价和巩固拓展等活动环节来营造尽可能真实的金融客户服务的氛围，通过实践学习让学生领悟金融客服的理念，为今后工作作指导。

本书适合中等职业技术学校金融事务专业、会计专业、商贸专业、管理专业等相关理实一体化课程教学。

图书在版编目（CIP）数据

金融客户服务与技巧 / 陈捷主编. —北京：机械工业出版社，2013.5（2024.8 重印）
中等职业教育课程改革创新教材　金融事务专业系列教材
ISBN 978-7-111-42573-1

Ⅰ. ①金… Ⅱ. ①陈… Ⅲ. ①金融—商业服务—中等专业学校—教材
Ⅳ. ① F830

中国版本图书馆 CIP 数据核字（2013）第 104915 号

机械工业出版社（北京市百万庄大街 22 号　邮政编码 100037）
策划编辑：宋　华　　责任编辑：李　兴
责任校对：刘秀芝　　封面设计：马精明
责任印制：单爱军

北京虎彩文化传播有限公司印刷

2024 年 8 月第 1 版第 5 次印刷
184mm×260mm・7 印张・170 千字
标准书号：ISBN 978-7-111-42573-1
定价：27.00 元

电话服务　　　　　　　网络服务
客服电话：010-88361066　　机　工　官　网：www.cmpbook.com
　　　　　010-88379833　　机　工　官　博：weibo.com/cmp1952
　　　　　010-68326294　　金　书　网：www.golden-book.com
封底无防伪标均为盗版　　机工教育服务网：www.cmpedu.com

前　言

本书分为八个模块，内容从简单的理论到必备的实践知识都有涉及，力求做到简单实用。

一、本书特点

1. 教学材料设计新颖：在教学中，精心设计教学材料，引导学生完成各个课题。抛弃晦涩难懂的理论，以通俗易懂、简洁直观的文字，辅以实图、表格，穿插小栏目对补充知识、相关资料、小提示进行不同形式的呈现，以吸引学生注意力，提高学习兴趣。力求使学生对教材中不同层次和不同要求的内容达到：知道、明白、牢记；让学生学一点，会一点，用一点。

2. 合作学习的方法贯穿全教材：合作学习是培养学生职业能力和关键能力的有效途径。在教学中配合使用合作学习方法对提高学生能力有良好的效果。本书在模块一中对合作学习的方法进行了手把手的讲授，从分组方法到评价方法进行了详细介绍；在其后的每一个模块中，在进行每一个课题之前均有合作学习的方法提示，并在任务要求中明确提出合作学习的步骤和方法，力求让学生从合作学习中体会职业能力的重要性，为学生走上工作岗位做好应有的铺垫。

二、模块结构特色

1. 模块简介：对本模块学习内容和学习意义进行简要说明。
2. 学习目标：通过本模块学习，希望学生达到的目标。
3. 模块小结：对本模块内容进行概括说明，以突出重点。
4. 巩固练习：通过练习，巩固新知识，方法灵活新颖，具有可操作性。
5. 拓展训练：引导学生拓展视野的内容、途径和方法。

三、课时分配

本书建议安排的总学时为 60 课时，每周 2、3 课时。

项　目	内　容	课　时
模块一	客户服务概述	4
模块二	金融客户服务的仪容技巧	6
模块三	金融客户服务的仪表技巧	10
模块四	金融客户的接待技巧	6
模块五	金融客户的沟通技巧	8
模块六	金融客户电话沟通技巧	8
模块七	金融客户服务投诉应对技巧	8
模块八	银行涉外服务技巧	10
合　计		60

本书由陈捷任主编，向彩云任副主编。各模块的编写分工如下：模块一和模块六由陈捷编写，模块二和模块三由黄华兰编写，模块四和模块五由吴燕编写，模块七和模块八由向彩云编写。

由于编者水平有限，书中难免存在疏漏之处，敬请各位专家、读者批评指正。

编　者

目　录

模块一　客户服务概述

模块简介

- 体会客户服务对银行的生存发展至关重要
- 明确客户服务的概念和客服工作对于客服人员自身的意义
- 产生学习金融客户服务知识与技巧的兴趣

学习目标

- 认知客户服务的定义
- 明确客户服务的意义
- 提高对金融客户服务知识与技巧的学习兴趣

课题一　认知客户服务

◄◁ 课题描述

　　很多企业及其客户服务人员仅仅把客户看成是消费者，不清楚究竟什么是客户服务。其实客户的角色远不止如此。客户需要的是获得帮助，希望和熟悉业务的人打交道，喜欢和有决策权的人打交道。客户希望以他需要的方式来对待他，希望得到尊重，希望企业能够了解其真正的需求，能让他产生一种获得服务的满足感。因此，只有在真正懂得什么是客户服务的前提下，才能为客户提供更好的服务。

◄◁ 学习目标

　　认识客户服务，掌握客户服务的定义。

◀◁ 实训准备

开始本门课程之前，先调查了解学生的情况并进行分组，再提出今后课堂活动或实施任务的规则、评价方式，以激励同学们参与到学习中去。

◀◁ 知识准备

一、客户服务的定义

客户服务是指一种以客户为导向，致力于使客户满意并继续购买公司产品或服务的一切活动的统称。客户满意度是指客户体会到的实际"感知"的待遇和"期望"的待遇之间的差距。简单地可以将其理解为：为了能够使企业与客户之间形成一种愉悦亲密的、客户亲身体验的互动，企业所能做的一切工作。

真正的客户服务是根据客户个人的喜好使他满意，使客户感受到自身受重视，他会把这种好感铭刻于心，成为企业的忠诚客户，并为企业带来新的客户。

二、客户服务对企业的意义

美国人霍利斯迪尔曾经是美国旧金山宾馆的一个门童。他在宾馆门口给客人提了几十年的行李，退休以后写了一本书，叫做《顶尖服务》。他在书中提到，虽然客户服务听起来简单，但是要不断地为客户提供高水平、热情周到的服务谈何容易。这是一个客户服务人员对于客户服务的深刻认识。既然做好客户服务如此不易，那么，企业为何还要迎难而上？

1. 优质的客户服务是最好的企业品牌

很多企业最看重的部门是销售，并没有把客户服务放在第一位，客户服务部门在企业里不受重视。他们认为企业的生存要靠盈利，只有销售才能盈利。他们没有认识到客户服务对于一个企业的重大意义。

做广告通常能够在短时间内获取大量的客户，产生大量购买行为。但是客户服务不是短期的，而是长远的。美国某公司董事长大卫·斯坦博格说："经营企业最便宜的方式是为客户提供最优质的服务，而客户的推荐会给企业带来更多的客户，

图 1-1 布加迪跑车的客户享受顶级定制服务

在这一点上企业根本不用花一分钱。"明智的企业知道如何为本企业树立起良好的口碑，良好的口碑会给企业带来更多的客户。而这种口碑不单是依靠广告做出来的，而是人与人之间、客户与客户之间通过信息的传递带来的。它可以使企业获利，这种获利是企业

经营成本最低的一种方式。可以说，优质的客户服务是最好的企业品牌，例如布加迪跑车的客户享受顶级定制服务，完美到每一个细节，用户之间的口碑对于潜在客户具有强大的号召力，如图 1-1 所示。

2. 出色的客户服务会使企业具备更强的竞争力

客户光顾企业是为了得到满意的服务。具有一般竞争力的服务的企业如何才能获得客户青睐，脱颖而出呢？

一般竞争力的服务的概念就是他有你有我也有。具有很强竞争力的服务就是人无我有，人有我强。

要让企业的美名在客户之间传播，就需要客户服务工作更加出色。当你发现竞争对手和你一样的时候，那你就没有了竞争优势。近年来我国速递业务发展迅猛，各家速递公司均设有电话客服人员，但服务水平参差不齐，企业应在服务质量方面下工夫，为客户提供高质量的专业服务，形成独有的竞争力，如图 1-2 所示。

图 1-2　保险公司的电话客服人员

案例

透视海尔的售后服务

在产品同质化日益严重的今天，售后服务作为销售工作的一部分已经成为众厂家和商家争夺消费者的重要手段。良好的售后服务是下一次销售前最好的促销，是提升消费者满意度和忠诚度的主要方式，是树立企业口碑和传播企业形象的重要途径，在这方面海尔无疑是做得最出色的，也是做得最早的。海尔品牌因此也变得家喻户晓，如图 1-3 所示。

图 1-3　海尔品牌 LOGO

海尔在售后服务方面积累了大量实践经验，再加以科学合理的改进，其服务模式已经成熟稳定，得到了消费者的认可，也是众多企业竞相模仿的对象之一。眼下国内众多企业学习海尔服务模式容易，但是学会海尔服务的精髓难，况且海尔一直在不断改进，跟在海尔后面学习只能亦步亦趋，永远落后海尔。

---

3. 良好的客户服务为企业树立正面的口碑

一般情况下，大多数人都不愿意冒险尝试新事物，这是由于人的性格决定的。例如当你打算去旅游、住店、吃饭等，一般会首先找亲友去了解。亲友们的意见会极大影响最终的选择结果。因此，良好的口碑对企业发展新客户至关重要。

口碑是用户或亲友之间对某企业产品或服务的认可或抱怨。这是由老客户或潜在客户之间自发形成的一种口头广告，也是最有力的广告。

温馨提示：

满意的客户口中的一句表扬之词远远胜过描述产品性能的一千个词。

有一则广告词是："新客天天有，老客天天来。"实际上说的就是潜在客户与老客户。服务品牌树立一种良好的口碑能够带来滚滚财源。曾有专家估计，开发新客户比服务老客户需要多花五倍的时间、金钱与精力。老客户是主要的利润来源，而良好的服务口碑是留住老客户，带来新客户的最有效的途径，如图1-4所示。

图1-4 周到的客户服务将赢得良好的服务口碑

◄◁ 技能训练

一、将学生进行分组，阐述自己对客户服务概念的理解。

1. 以下哪些行为属于客户服务内容？

A. 见到客户主动打招呼

B. 向客户询问产品的使用情况

C. 向客户介绍产品性能时只讲优点，回避缺点

D. 以便宜的价格吸引客户，促使他购买产品而不管他是否有真实的需求

E. 根据客户的需求介绍产品的性能特点，恰当地选购商品

2. 用你的亲身经验阐述客户服务的概念。

_____

二、你认为企业里面下列部门哪些更重要？请按重要程度依次排序并解释原因。

生产部门　人事部门　市场营销　财务管理　质量监察　客户服务　研究开发

_____

_____

三、你认为下列哪些是专业客户服务给企业带来的好处？为什么？

带来回头客　扩大市场占有率　降低成本　稳定客户源

增加销售额　吸引潜在客户　口碑比较好

_____

_____

◁ 巩固练习

请同学们写下自己对客户服务的感悟与理解。

_____

_____

课题二　明确优质客户服务对于客服人员的意义

◁ 课题描述

优质客户服务对企业来说也许很重要，但与员工个人有关系吗？很多客户服务人员都有一种感觉，认为提升客户服务质量对于企业来说很重要，而与自己无关。例如，做好销售工作能给员工个人带来直接的好处，如增加收入，晋升职位；而很多从事客户服务工作的员工，他们的服务好坏与自己的收入高低并没有很大的关系，从而导致企业客户服务水平乏善可陈。这个局面是由于客户服务人员自身对客户服务的认识不同造成的。如果一个企业的所有客户服务人员对于自己的工作都认为没有什么价值和意义，那就不可能在这个岗位上投入自己的精力和热情，不可能真诚地对待客户。

◁ 课题目标

明确优质服务对客服人员自身的重要性。

◀ 实训准备

1. 将学生分为两组，各自前往两家银行营业网点进行实践体验。调查内容：从进入银行大门开始，观察银行的员工接待客户时的表现，然后填写表 1-1。

表 1-1　银行客服调研表

角　色	服　装	仪　容	表　情	仪　态	语　言
大堂经理					
个人客户经理					
对公客户经理					
临柜柜员					

2. 调查接受后对比分析两家银行客服质量与水平差异，谈一谈自己的感受和改进建议。

◀ 知识准备

优质客户服务对客服人员的意义

优质客户服务对企业的重要性不言而喻，客服人员作为企业的一分子，是优质客户服务的实施者、承担者和提供者，与企业的生存发展息息相关，因此优质客户服务对于企业的客服人员职业发展具有重要意义。

1. 优质客户服务有利于客服人员对工作产生自豪感

当客户服务人员的工作做得尽善尽美，就会得到别人的尊重。这些来自于同事、企业和客户的肯定会使员工对工作产生一种自豪感和热爱之情，会激励员工更出色地做好这份工作，如图 1-5 所示。

图 1-5　客服人员正在服务

因此，作为企业的管理者，首先需要考虑通过哪些方式让员工认识和感受到，为客户提供优质的客户服务对其自身能够带来正面和积极的影响。

2. 优质客户服务有利于客服人员积累从业经验

客户服务现已在全球成为一个重要的新兴产业。过去的企业更看重销售人员的技能与业绩，但如今，很多企业不再只简单依靠产品去赢得客户，而是依靠优质完善的服务去赢得客户。

实际上，优秀的客户服务人员，对于企业的作用与优秀的销售人员同样重要。因为客户服务需要很多的技巧和经验。这种经验的累积，可以为客服人员未来的发展打下良好的基础，如图 1-6 所示。

图 1-6　经验的积累是最宝贵的财富

3. 优质客户服务有利于客服人员提升自我素质和个人修养

为了有效地处理客户的投诉，需要一定的技巧。有效地处理投诉对于提升个人的自我修养是非常有效的一种途径。尤其是客服人员在处理一些重大投诉时，客户往往很生气，表现得着急，情绪也很不稳定，言语中难免火药味十足。客服人员应想办法让客户的心情平静下来，化愤怒为理智。在这个过程中，客服人员的个人修养就会逐渐提升。实践证明，优秀的客服人员往往具备极高的个人素养。

4. 优质客户服务有利于人际关系及沟通能力的提升

客户服务工作是一项直接与人打交道的工作，需要具备非常良好的沟通技巧。这种沟通技巧相比销售差别很大。销售沟通有时很简单，而客户服务涉及的沟通技巧可能复杂得多。很多时候，客户服务人员并不能解决客户的问题，或者说不能百分之百地满足客户所有要求。做好客户服务工作并不意味着毫无原则地完全满足客户，而在于通过沟通，怎么能解决客户的问题，让客户心平气和地接受合理的补偿。这就需要客户服务人员通过不断累积的、高超的沟通技巧和丰富经验，有效化解客户与企业之间的矛盾。

◀ 技能训练

判断表 1-2 中有关优质客户服务的认知的正误。

表 1-2 客户服务的认知

客户服务的认知	对	错
1. 接待客户通常比做一般的技术工作更有趣		
2. 提升人际交往技巧有助于改善自己的为人		
3. 尽可能地提供优质客户服务是一种持续性挑战，不会感到工作乏味		
4. 有些企业对于客户服务不是很看重，因此这项工作很轻松		
5. 提供优质客户服务只需要耐心、热情，因此很简单		
6. 优质客户服务技巧的应用比应用技巧的态度更为重要		
7. 优质的客户服务可以使人养成优雅的气质		
8. 学习把客户当做特殊人物对待对未来的工作有帮助		
9. 优质的客户服务带来良好的工作保证和提升的机会		
10. 学习客户服务的知识技能比赚钱更重要		

◀ 效果评价

根据训练成果，完成以下课题评价表（见表 1-3）。

表 1-3　客户服务认知课题评价表

合计得分_____

考 核 项 目	考 核 标 准	得分／分
职业素养（20分）	1．按时出勤，课堂表现好（10分）	
	2．仪容仪表标准（10分）	
关键能力（60分）	1．认真进行调查（10分）	
	2．认真参与练习（10分）	
	3．有书面的报告或作业（10分）	
	4．在报告或作业中观点明确（5分）	
	5．在报告或作业中说明充分（10分）	
	6．具备良好的团队合作精神（10分）	
	7．具备一定的组织协调能力（5分）	
知识技能（20分）	能够对客户服务有正确认识（20分）	
心得体会		

◀◁ 巩固练习

1．走进餐厅，你会在一些显著位置发现贴有员工的照片和简要的文字介绍。请问为什么？

_____

_____

2．什么样的员工才会被贴出来？

_____

_____

3．这样做的目的是什么？

_____

_____

4．你认为这样做好不好？你有何建议？

_____

_____

◄◁ 拓展训练

了解海尔集团的发展历史，收集相关客户服务的案例。

◄◁ 模块小结

　　本模块主要讲解了客户服务的概念，阐述了优质客户服务对于客户服务人员的意义。这部分内容在整个课程当中很重要，因为这是学习好客户服务知识的基础，是做好客户服务工作的动力来源之一。

模块二 金融客户服务的仪容技巧

课题一 掌握头部修饰技巧

◄◁ 课题描述

在日趋激烈的银行服务竞争中，除了银行硬件设施与产品本身之外，几乎所有银行都十分注重自身形象给顾客的印象。而银行职员的个人仪容是关注的焦点，也是银行整体形象的直接体现。因此，作为银行职员，必须保持良好的个人仪容。

◄◁ 学习目标

在日常的人际沟通中，个人形象会直接影响别人对你的口碑。好形象有助于你与客户沟通，增加成功的机会。进行本内容的学习，希望达到如下目标：

1. 了解仪容的含义，能说出银行职员仪容要求的规范。

2．了解银行从业人员的发型要求，选择适当发型。

3．建立正确的审美观，时刻注意保持良好的形象。

◄◁ 实训准备

一、实训人员组织

全班按每组 4～6 人自由分组，自行确定各组组长；组长带领组员进行实训并以组为单位相互评分。

二、实训时间安排

本实训安排 2 课时。

◄◁ 知识准备

仪容是指一个人的外貌。在银行员工面对服务对象时，任何人都无法回避个人外貌给顾客留下的印象，这种印象有时候甚至会产生举足轻重的作用。因此，银行职员应当懂得对自身形象的维护。

银行职员在维护和修饰个人的仪容仪表时要遵从规范和标准，以良好的仪容在工作岗位上示人，会获得他人更多的信任和好感，服务工作也会更加得心应手。银行职员只有在工作岗位上给顾客留下良好的第一印象，才能在具体的服务过程中迈出优质服务的第一步。

个人修饰仪容时，应当引起注意的通常有头发、面部、妆容等方面。

一、头发修饰

头发为人体之冠，发型可以反映出一个人的文化修养、审美水平和精神状态，是一个人气质的主要体现。成为一名优秀的银行工作人员，首先要从"头"做起。根据金融服务礼仪的规范，银行职员在进行个人头发修饰时，应注意以下几个问题：

1. 保持头发整洁

对任何人而言，在人际交往中能否保持头发的干净整洁，将会直接影响到他人对自己的评价。一头乱糟糟的头发会给客户带来工作和思维无条理的印象，没有人会放心地把自己的钱财交给一个连自己的头发都理不清的人打理。为了树立和维护自身健康积极的职业形象，银行职员必须自觉主动地对自己的头发进行清洁、修剪和梳理。

（1）定期清洁头发。一般情况下，银行职员每周至少应当对自己的头发清洗两三次；若条件允许最好是每天清洗一次。

（2）及时修剪头发。与清洁头发一样，头发的修剪应定期进行。通常应当每半个月左右修剪一次，至少要每月修剪一次。

（3）适时梳理头发。所谓适时梳理就是要做到："三必梳"、"三不宜"。三必梳包括出门上班前，换装上岗时以及摘下帽子后。三不宜包括在公众场合梳理头发，直接用手梳理头发，将断发随地丢。

2. 选择合适的发型

发型对于一个人整体形象的塑造非常重要，这是因为头部会首先被人注意到，直接影响别人对你的印象，发型也被称为"第二张面孔"。发型多种多样，但从银行服务的工作性质出发，员工在发型设计和选择上应遵循职业要求，总体而言头发长度适中，不能过短或过长，并且男性与女性又各有不同的要求。

（1）男性员工发型：一般长约 5 ～ 7 厘米，前发不超过额头，后发不能触及衣领，两侧头发不能盖住耳朵。绝对不允许男性员工在工作之时长发披肩或梳发辫，一般也不允许剃光头。男性员工发型如图 2-1 所示。

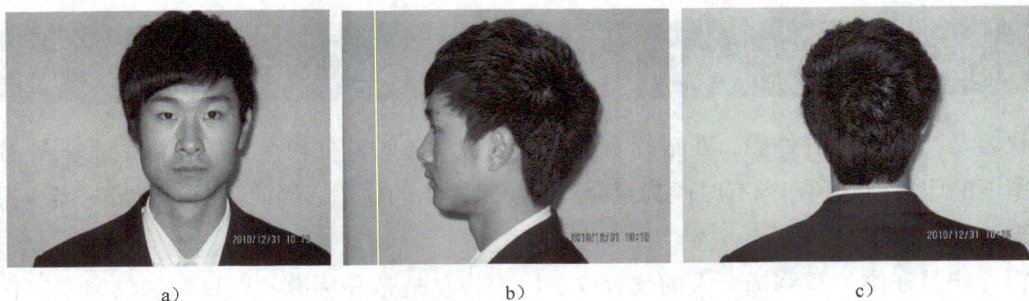

图 2-1 男性员工发型示意图

a）发型正面 b）发型侧面 c）发型背面

（2）女性员工短发发型：长不触及肩部，刘海不遮眉毛，工作时应将两侧头发放在耳后。

（3）女性员工长发发型：在工作时应将长发盘起，低盘头，先用黑色皮筋固定，再用发夹、发网将盘起头发网住，并用手整理发网，使整个发网撑起显得饱满圆润、美观，如图 2-2 所示。

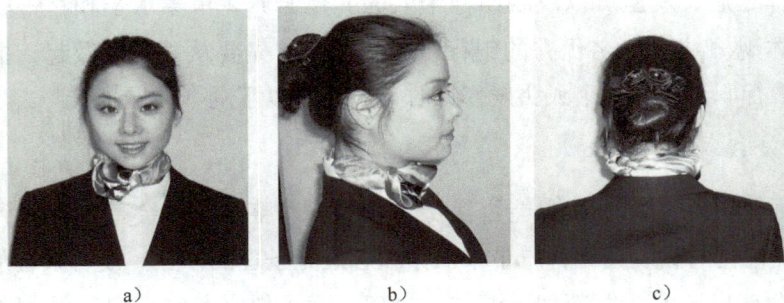

图 2-2 女性员工长发发型示意图

a）发型正面 b）发型侧面 c）发型背面

二、面部修饰

在人际交往中，人们首先注意到的是人的面部。银行职员要认识到个人面部洁净的重要性，尤其是银行柜员坐在柜台里，首先映入顾客眼帘的是其面部容貌，因而面部的干净显得尤为重要。

1. 面部清洁

要时刻注意面部的尘土、汗渍、油垢、不协调妆面等。洗脸时重点要放在那些易于藏污纳垢的地方，如眼角、耳后、脖颈等处。此外，男性员工要在上岗前坚持剃须，切忌胡子拉碴。如果某些女性职员的面部有过于浓重的汗毛，也应适当去除。需要补充的是，某些男性职员容易忽略的面部卫生细节更应引起重视，并时时提醒自己多加注意，如图2-3所示。

图 2-3 面部清洁

2. 眼部卫生

银行职员在工作岗位上要注意眼部清洁，眼角里不能留有分泌异物；更要注意眼部休息，不能睡意朦胧，以满眼血丝示人，如图2-4所示。倘若必须要戴眼镜，也应选择中规中矩的镜框，不可佩戴夸张或另类的眼镜，当然也不能在工作时间佩戴墨镜。

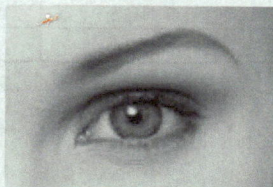

图 2-4 眼部清洁

3. 鼻部卫生

注意鼻部的卫生，包括及时修剪鼻毛，切记不能让鼻毛长出鼻孔之外，在工作岗位上随意抠鼻子更是银行职员的大忌，如图2-5所示。

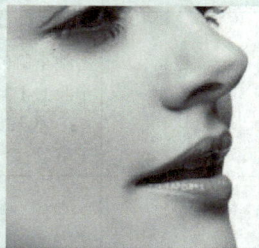

图 2-5 鼻部清洁

4. 口腔维护

银行职员要注意口腔清洁与卫生。饭后刷牙并清洁口腔与牙齿上的异物和食物残渣，特别是在上岗前不可吃刺激味很浓的食物，如葱、蒜、韭菜等，更应禁止酒后上岗，如图2-6所示。

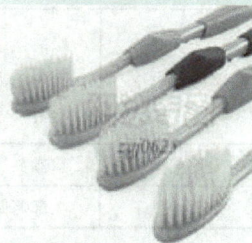

银行岗位的特殊性要求银行职员时刻关注自身的每一个细节，要有意识地体现庄重、得体而严谨的职业形象，使个人风格与自己的服务岗位相称，以便在工作岗位上更易于得到服务对象的信任。

图 2-6 口腔清洁

◀◁ 技能训练

一、教师示范并讲解头部修饰技巧中应注意的头发、面部的主要问题。

二、分组训练

1. 测试与提升：请实训小组内的成员互相检查以下模块中存在的不足，提出改进方法和要求，并填入表 2-1 中。

表 2-1　测试与提升

自检项目	不　足	改进方法和要求
头发		
眼睛		
耳朵		
鼻子		
胡子		
嘴部		
脸部		
脖子		

2．自己对着镜子根据表 2-2 的建议，判断自己的脸型并为自己进行发型设计，实训小组内的成员互相评议打分。

表 2-2　脸型适合的发型建议

脸　型	特　点	主要不足	适合发型
椭圆型	从额上发际到眉毛的水平线之间约占整个脸的 1/3；从眉毛到鼻尖又占整个脸的 1/3；从鼻尖到下巴的距离也是 1/3。脸长约是脸宽的一倍半，额头宽于下巴	无	有人称其为标准鸭蛋形脸型。这种脸型一般来说可以配任何一种发型
圆脸型	前额与下部的宽度一致	苹果般的面孔和丰腴的下巴	把额头充分显露出来，能加长脸形，头发可分两边，紧贴两颊，会使脸感觉窄长好多
方脸型	和圆形脸很像，但四面起"角"	比较刚正，不够柔和温润	脸颊两侧的头发要垂直服帖，刘海可向侧吹一个高波
长脸型	脸型窄长	五官横向间距较大，纵向显窄	可以将头发留至下巴，额前可留刘海儿，两颊头发剪短一些，也可将脸部两边的头发梳得蓬松翻翘，使脸看起来宽一点，卷发可以使脸显得没那么长
鸭梨型	窄额头、宽下巴	腮大且额窄	可以在脑门以上增加头发的宽度
瓜子型	上部略圆，下部略尖，形似瓜子	下巴显尖削	额前覆盖些头发，头发可在耳后散下

三、发型训练

男士发型：保持干净整洁，长度适宜，前不及眉，旁不遮耳，后不及衣领；不能留长发和大鬓角。

女士发型：不宜梳披肩发，头发不可遮盖眼睛，不宜留怪异的新潮发型；过肩长发最好用黑的发夹和网罩扎起来。

◀◁ 效果评价

根据课题实施的训练成果，完成以下课题评价表（见表 2-3）。

表 2-3　发型面部修饰课题评价表

合计得分＿＿＿＿＿＿

考核项目	考核标准	得分/分
职业素养（20 分）	1．按时出勤，课堂表现好（10 分）	
	2．仪容仪表标准规范（10 分）	
关键能力（60 分）	1．认真完成测试（10 分）	
	2．认真进行发型整理训练（10 分）	
	3．在实训中能与他人配合开展训练（10 分）	
	4．遇到问题能主动寻求帮助（5 分）	
	5．能够解决活动中遇到的问题（10 分）	
	6．具备良好的团队合作精神（10 分）	
	7．具备一定的组织协调能力（5 分）	
知识技能（20 分）	1．能够掌握头面部修饰的要求（5 分）	
	2．能够对自己和他人面部修饰提出建议或改进的方案（10 分）	
	3．能够熟练整理出得体的发型（5 分）	
心得体会		

◁ 巩固练习

每组选一名代表进行盘发比赛。

◁ 拓展训练

头面部修饰技巧在日常生活中的应用。

课题二　掌握化妆修饰技巧

◁ 课题描述

化妆既是一门技术，又是一门艺术，适当得体的化妆可以展现个人风采。化妆在礼仪文化中起着重要作用，女性银行职员在工作中适度装扮自己，一方面可以展示自己的精神风貌，另一方面表示对他人的尊重。

化妆是指使用化妆用品进行个人的仪容修饰。进行本内容的学习，希望达到如下目标：

1. 掌握化妆的基本原则和化妆技巧。
2. 塑造一个庄重、干练、严谨而又不失风采的职业形象，增添自信心和亲和力。

◀◁ 实训准备

一、实训人员组织

观看教师演示，讲解具体操作方法，学生按 6 人一组进行实训练习。

二、实训时间安排

本实训安排 2 课时。

◀◁ 知识准备

据统计，美国女性每年购买化妆品花费数十亿美元；在日本，一个女性平均一生所要使用的基本化妆品中，化妆水为 980 升，各类霜膏为 150 千克，乳液为 125 升，口红为 400克。以上这组数字，足以令人大吃一惊。那么，女人为什么要化妆呢？答案就在脸上。

银行工作人员不可浓妆艳抹，但在工作中应要求银行职员淡妆上岗。这既是对自身形象的爱护，又能体现出职业面貌。银行职员必须要在化妆原则、化妆方法、化妆禁忌等方面严格遵循相关的礼仪规范。

一、化妆的原则

银行职员的工作岗位要求以及顾客对银行职员的期待等因素都要求银行职员在岗前化妆时区别于一般的服务性工作岗位，应体现庄重、适度、简洁的风格。

1. 庄重

对于顾客而言，希望看到一个具有职业形象特征的服务人员，而不是一个妆面艳丽、令人产生难以接近的银行职员。因此，银行职员的化妆要以庄重为主，而社会上流行的金粉妆、日晒妆、烟熏妆、舞台妆、宴会妆等都不宜出现在工作场合，否则就会给人带来轻浮随便、不可靠的印象。

2. 适度

后台工作的银行职员在不直接接触顾客时，化妆可以从简，甚至可以不化妆，但是对于从事前台服务的银行职员而言，一定要化妆上岗，而且要把握住一个度，要因人因岗适度化妆，不能浓妆艳抹，更不要在身上喷洒一些味道过于浓烈的香水。

3. 简洁

银行职员的岗前化妆应当简妆，但不用"面面俱到"。个人可以结合自身的特点，就某些重点部位做一些修饰，如眼睛、嘴巴、眉毛等，对于其他部位则可以从简。

二、化妆方法

必须强调的是银行职员的简妆并不是说可以随意而为、草率应付，而是应当把它当做自身工作时的必备素养加以重视。那些认为不经过学习就可以把妆化好的人一定要谨记，有些看似"说得过去"、"差不多"的后面隐藏着一些常被忽视的错误和禁忌。因此，化妆作为一种实用技巧，银行职员要努力掌握。

一般情况下，银行职员在上岗前的化妆大体包括打粉底、画眼线、施眼影、描眉形、上腮红、涂唇膏、喷香水等步骤。

1. 打粉底

打粉底是化妆的第一步，借助粉底可以达到调整面部皮肤颜色的目的。打粉底前要先洗脸，之后可适量拍上化妆水，然后选择适合自己肤色的粉底，用手或专用海绵均匀抹开，同时要顾及耳后、颈部等部位，让整个粉底颜色与肤色浑然一体，切忌打上粉底后和自身肤色反差过大，如图2-7所示。

2. 画眼线

眼睛是心灵的窗户，要想让你的眼睛在面对顾客时焕发神采，最好要画眼线。画上眼线时要从内眼角朝外眼角方向画，画下眼线的顺序则刚好相反。眼线要均匀适度，避免看上去过于僵硬，如图2-8所示。

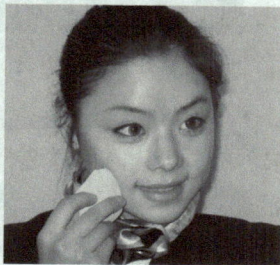

图2-7　打粉底　　　　　图2-8　画眼线

3. 施眼影

眼影的作用是凸显眼部的丰满和亮泽，让眼部看起来更加有神。选择眼影时，不要在工作场合选择过于鲜艳的颜色，只要做到通过眼影来强化眼部轮廓，凸显层次感即可，如图2-9所示。

4. 描眉形

岗前化妆少不了要关注自己的眉毛。眉毛有浓有稀，甚至有些人的眉毛淡到似无却有。鉴于眉毛对个人容貌不可替代的美化作用，因而描眉是化妆中的重点模块之一。描眉要因人而异，注意年龄、脸形。描眉前要适当修剪眉毛，尽量做到上浅下深，两头要淡些，如图 2-10 所示。

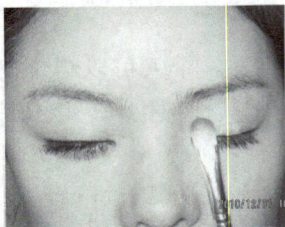

图 2-9　施眼影

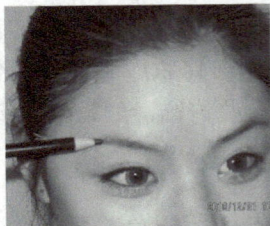

图 2-10　描眉形

5. 上腮红

上腮红是指在化妆者的面颊上抹上适量的胭脂来凸显其面部轮廓，使化妆者看上去更有活力。但鉴于银行职员岗位的特定性，其在工作岗位的妆面不适宜用过多胭脂，如图 2-11 所示。

6. 涂唇膏

在涂唇膏时，要注意先画唇线，再涂唇膏。唇膏颜色也要因人而异，例如嘴唇厚的人，不宜选择过于鲜艳的红色。涂上唇膏时，要检查有无涂到唇线外，如果涂到唇线外，一定要用纸巾擦掉，如图 2-12 所示。此外，男士也可选用无色的润唇膏以缓解因天气干燥而带来的唇部起皮、暴裂等现象。

图 2-11　上腮红

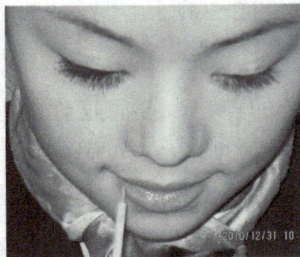

图 2-12　涂唇膏

7. 喷香水

银行职员在工作岗位上，不提倡喷洒味道过于浓烈的香水，但可以选择淡雅清新的香水。喷洒香水时只能在自己的腕部、耳后等部位适量喷洒。

银行职员的化妆还应当结合本企业的内部规定，做到岗位有别、男女有别等。银行职员一定要了解和掌握一些实用的化妆技巧，用以塑造出自己良好且专业的形象。

三、化妆禁忌

银行职员在进行岗前化妆时，一定要避免某些不应当出现的错误做法。一般来说，银行职员化妆的禁忌主要包括以下五个方面：

（1）忌离奇出众，哗众取宠。

（2）忌技法不当，角色缺失。

（3）忌残妆示人，有失庄重。

（4）忌岗上化妆，轻浮失礼。

（5）忌指教客户，甚为不妥。

◁ 技能训练

一、观看化妆教学录像
同学们在教师的带领下，观看化妆教学录像，教师展示常用的化妆用品与工具。

二、在教师的指导下进行职业淡妆的化妆练习
1. 教学方式

教师操作演示，讲解具体操作方法，学生实操练习。

2. 具体内容

（1）基本化妆。

1）涂化妆水：用化妆棉蘸取化妆水向脸面均匀涂抹。

2）涂粉底霜：用手指或手掌在脸上点染晕抹。

3）上粉底：用手掌或海绵在脸上点染晕抹，不宜过厚。

（2）眼部化妆。

1）涂眼影：用棉花棒蘸取眼影在眼周、眼尾、上下眼皮、眼窝处点抹。

2）描眉：蓝灰色打底，棕色或黑色描出适合的眉型。直线型使脸显短，弯型使人显得温柔。

3）画眼线：用眼线笔沿眼睫毛底线描画。

4）涂睫毛膏：顺着睫毛生长的方向均匀涂抹，以 Z 形涂抹可达到更加浓密的效果。

5）抹腮红：用腮红刷轻染轻扫两颊，以颧骨为中心向四周涂匀；长脸型横打胭脂，圆脸型和方脸型竖打胭脂。

6）涂口红：用唇笔描出上下唇轮廓，以调整色泽和改变唇型，涂口红要填满唇线，不得越线。

3. 教师检查

发际和眉毛是否沾上粉底霜，双眉是否对称，胭脂是否涂匀，与穿着是否协调，适当调整修改。

4. 要求

眼妆要自然不着痕，腮红轻匀；内容可酌情选择或变动次序；此操作仅适合简单快速淡妆或工作妆，用时 10 分钟左右。

三、案例分析

案例　小庆是财会专业三年级的学生，她在班上成绩优异，技能过硬，专业知识扎实。不久前，她和同学小丽参加了一家商业银行柜员的招聘面试。小庆认为只要学习好就可以了，所以面试时素面朝天，结果落选了，而同去的小丽却面试成功。小庆心里很不是滋味，认为小丽学习成绩没有她好，其他方面也差不多，只不过在面试前打扮了一下。

请分析以上案例，分析小庆落选的原因。

◀ 效果评价

根据训练成果，完成以下课题评价表（见表 2-4）。

表 2-4 掌握化妆修饰技巧课题评价表

合计得分_____

考 核 项 目	考 核 标 准	得分／分
职业素养（20 分）	1. 按时出勤，课堂表现好（10 分）	
	2. 仪容仪表标准规范（10 分）	
关键能力（60 分）	1. 认真观看资料及教师示范（10 分）	
	2. 正确进行化妆实训操作（10 分）	
	3. 达到化妆实训的基本要求（10 分）	
	4. 认真进行案例分析（5 分）	
	5. 遇到问题能主动寻求帮助（5 分）	
	6. 能够解决活动中遇到的问题（10 分）	
	7. 展现良好的团队合作精神（5 分）	
	8. 展现一定的组织协调能力（5 分）	
知识技能（20 分）	1. 能够复述化妆的作用、原则与禁忌（5 分）	
	2. 熟练掌握化妆的技巧、要领和程序（5 分）	
	3. 能够根据自身特点提出建议或改进的方案（10 分）	
心得体会		

◀ 巩固练习

1. 什么是外在美？什么是内在美？外在美与内在美有什么联系？
2. 为什么女性银行职员要求化妆上岗？
3. 银行职员上岗前化妆的基本原则有哪些？
4. 化妆的基本步骤有哪些？

◀ 拓展训练

根据自己的脸型及五官为自己化一个工作妆，实训小组的成员进行相互评议并打分。

模块三　金融客户服务的仪表技巧

模块简介

- 仪表是指一个人的外表，是一个人总体形象的统称，除容貌、发型之外，还包括一个人的服饰、身体、姿态等方面
- 本模块主要根据银行服务人员仪表的要求，学习银行职员的着装规范和仪礼以及基本的站姿、坐姿、走姿、表情等个人仪态规范

学习目标

- 掌握银行服务人员着装礼仪要求，培训严谨的职业习惯
- 掌握规范的立姿、坐姿、走姿
- 通过训练让学生纠正错误的体态习惯，形成良好行为举止
- 熟练掌握礼仪规范，提升职业服务形象

课题一　掌握服饰修饰技巧

◁ 课题描述

我国有句古话："佛靠金装，人靠衣妆。"如果你希望建立良好的形象，那就需要从衣着、发饰、妆容方面全方位地重视自己的仪表。其中，着装是最重要的，衣着可以表明你对工作、生活的态度。银行的行业特点决定了银行职员的工作严谨、认真、一丝不苟，他们的着装直接代表行业外在形象和公司素质修养。

◁ 学习目标

在日常交往中，你是否注意到一个人的形象会直接影响别人对你的评价。好形象往往会使你更容易与客户沟通，增加成功的机会。进行本课题的学习，希望达到如下目标：

1．了解着装的 TOP 三原则。

2．掌握男员工着装要求。

3．掌握女员工着装要求。

◀◁ 实训准备

一、实训人员组织

教师操作演示，讲解具体操作方法，学生实训操作练习之后进行分组竞赛。

二、实训时间安排

本实训安排 2 课时，每组学生训练时间为 10 ～ 15 分钟。

◀◁ 知识准备

一、着装的 TOP 三原则

TOP 三原则，即着装应该与当时的时间、所处的场合、地点相协调，即三个英文单词的首字母：

Time（时间）——着装应与时间、季节、时代相吻合。

Occasion（场合）——着装应与当时当地的气氛相融合。

Place（地点）——着装应与所处的环境、地域相协调。

二、银行业着装要求

银行职员的服装都要求统一制服。这种统一着装一方面能够最大限度地发挥服装所具有的体现职业的职能，具体体现企业形象与标识作用、激励作用、保护作用和宣传作用，另一方面也减少了员工在着装精力上的消耗，保证了全体员工着装的整齐划一，同时增强了员工的归属感、同心力和凝聚力。

三、男性职员着装要求

1．西装的装着规范

（1）西装有单排扣和双排扣之分。

（2）穿西装要配衬衣。

（3）内衣与衬衣要配套，内衣不可外露。

（4）为保证西装不变形，衣袋、裤袋不要放东西。

（5）无论衣袖还是裤边，皆不可卷起。

（6）穿西服一定要穿皮鞋，不能穿旅游鞋、布鞋等其他鞋。袜子最好选择深色，不能穿白色袜子和色彩鲜艳的袜子。

男性职员的着装规范如图 3-1 所示。

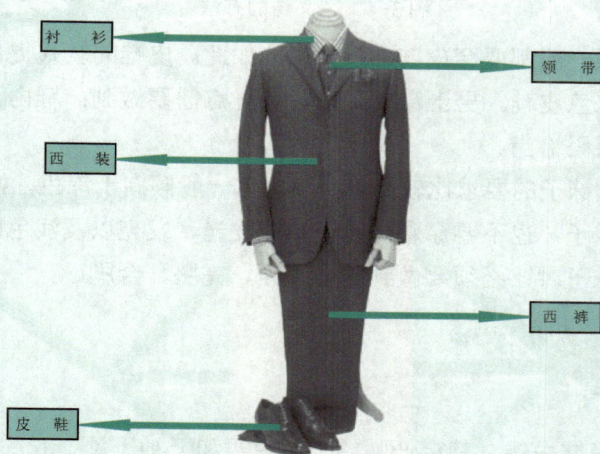

图 3-1　男性职员着装规范

2. 西装的搭配

（1）衬衫。正装衬衫大小要合身，尤其衣领、胸围要松紧适度，下摆不宜过短。穿西装的时候，衬衫的所有纽扣，不管是衣扣、领扣还是袖扣，都要一一系好。衬衫的袖长要适宜。最美观的做法是衬衫的袖口恰好长出西装袖口的 1 厘米左右。穿长袖衬衫时，无论是否穿外衣，都必须将其下摆均匀地掖进裤腰之内。

（2）领带与衬衫的搭配。应注意同类型的图案不要相配，领带的颜色最好与衬衣或外套同色系，如图 3-2 所示。

图 3-3 和图 3-4 中分别介绍了平结与交叉结两种领带的打法：

图 3-2　领带与衬衫的搭配

图 3-3　平结的打法

图 3-4　交叉结的打法

（3）皮鞋。穿西服一般都要穿皮鞋，夏天也应如此。皮鞋的款式提倡传统的系带皮鞋。深色的西服搭配黑、棕色皮鞋。男士穿皮鞋时，有五点需要做到：鞋内无味、鞋面无尘、鞋底无泥、鞋垫相宜、尺码恰当。

（4）袜子。男士对袜子的要求比较简单，颜色上一般倾向于深色，如蓝、黑、灰、棕等。着正装时不要穿白色袜子，也不要穿彩袜、花袜或发光、发亮以及浅色的袜子，并且袜口不要露出来。男士在穿袜子时，必须要做到袜子干净、完整、合脚。

四、女性职员着装要求

1. 职业女装的着装规范

（1）女性职业装忌露忌透，禁穿低胸衫、超短裙和无袖无领上衣。

（2）尺码大小要合适。

（3）衣扣要扣好，内衣不外显。

（4）搭配要合适，最好选择简约式、中性颜色。

（5）鞋袜相配，穿着传统黑色高跟皮鞋，不可穿拖鞋、凉鞋、运动鞋。

2. 女士套装的搭配

女士套装主要有裤装和套裙两类，如图 3-5 所示。

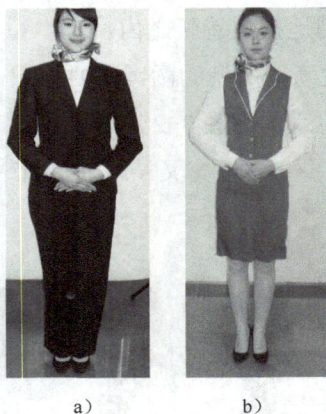

a)　　　　　b)

图 3-5　女士套装

a) 女士裤装　b) 女士套裙

（1）衬衫。衬衫面料要求轻薄，可选择真丝、麻纱、涤棉等。衬衫色彩要求端庄雅致，不能过于鲜艳，常见的是白色。

（2）鞋子。用来和女士套装搭配的鞋子，应该是皮鞋，并且黑色的牛皮鞋最好。

（3）袜子。袜子可以选用尼龙丝袜或羊毛袜。袜子颜色以肉色、黑色、浅灰、浅棕等几种颜色为主，肉色最佳，单色为主，高筒袜和连裤袜是套裙的标准搭配。

（4）饰品。女士在选择佩戴饰品的时候不宜过多，需要注意的是修饰物应该尽量简洁、素雅。

（5）围巾。选择围巾时要注意颜色与套装搭配，选用丝质为宜。

1）巴黎结的系法如图3-6所示。

第一步：利用重复对折将方巾折出领带型，绕在颈上打个活结。

第二步：将上端遮盖住结眼，并将丝巾调整至适当位置。

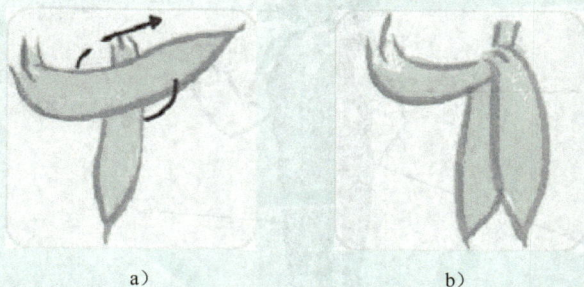

a）　　　　　　　　　　　b）

图3-6　巴黎结的系法

a）绕颈　b）打结

2）海芋结的系法如图3-7所示。

第一步：将方巾重复对折，稍微扭转后绕在颈上。

第二步：重复打两个平结，并让两端保持等长。

第三步：将两端分别置于胸前及肩后。

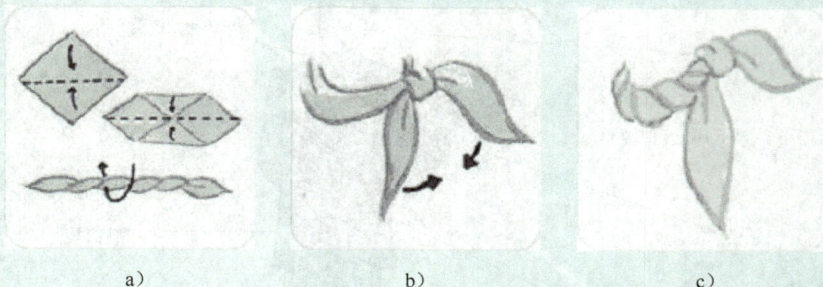

a）　　　　　　　　　b）　　　　　　　　　c）

图3-7　海芋结的系法

a）对折　b）打结　c）调整

◁ 技能训练

一、案例分析

小琴接到一家银行的通知，要求周末参加柜员岗位的面试。为确保万无一失，她进行了精心的打扮。一身前卫的衣服、时尚的手环、造型独特的戒指、亮闪闪的项链、新潮的耳坠，身上每一处都是焦点，简直是无与伦比、鹤立鸡群。她的对手是一个相貌平平的女孩，学历也并不比她高，所以小琴觉得这次面试胜券在握。但结果却出乎意料，她并没有被这家银行所认可。主考官抱歉地说："你确实很漂亮，你的服装配饰无不令我赏心悦目，可我觉得你并不适合从事这份工作，实在很抱歉。"

请你分析小琴面试失败的原因？

二、看看下面的图 3-8 和图 3-9，说出着装需注意的问题

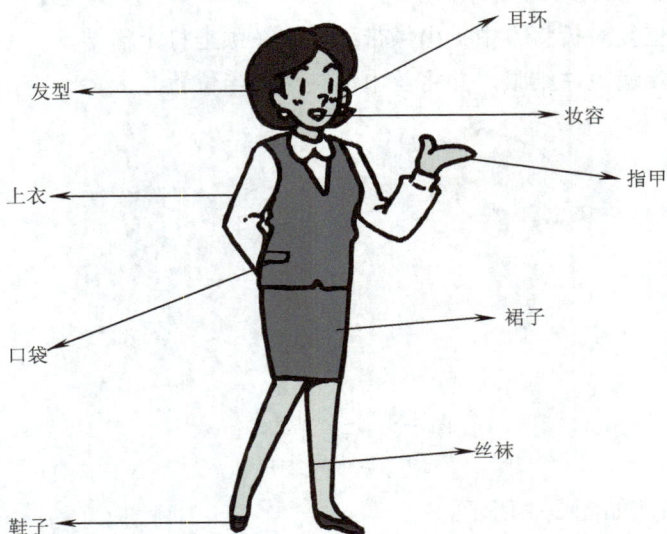

图 3-8　女职员着装要求

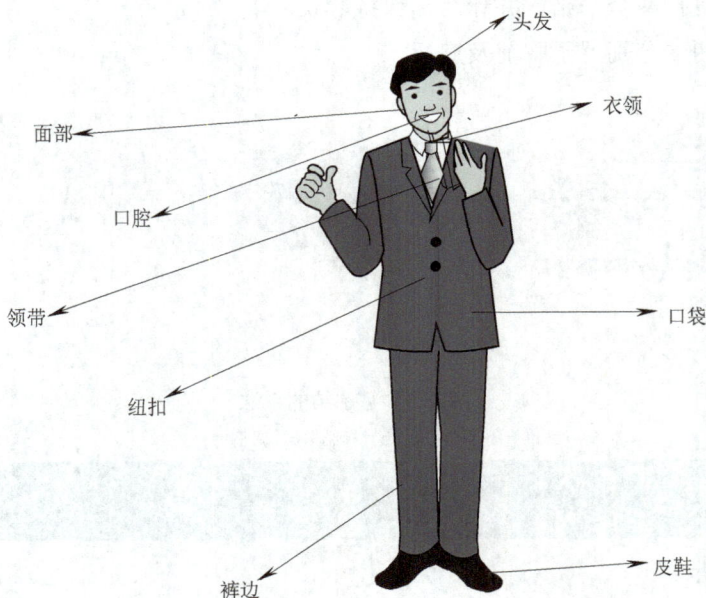

图 3-9　男职员着装要求

三、领带和围巾的系法练习

教师分别演示领带、领巾的系法，将学生分成 4～6 人一组进行练习，教师以组为单位进行抽查。

四、训练考核

根据训练考核要求填写表 3-1。

表 3-1 着装训练考核表

考核项目		考核要求	是否做到	改进措施
整装礼仪		1. 制作精良	□是 □否	
		2. 外观整洁	□是 □否	
		3. 文明着装	□是 □否	
		4. 穿着得当	□是 □否	
西装的着装礼仪	西装的选择	1. 西装外套必须合体	□是 □否	
		2. 西裤的肥瘦、长短	□是 □否	
		3. 衬衫的选择合理	□是 □否	
		4. 领带、鞋袜与西装相协调	□是 □否	
	西装的穿着要求	1. 西装要干净、整洁，西裤要烫出裤线	□是 □否	
		2. 衬衫要清洁，穿着要符合要求	□是 □否	
		3. 西装的扣子系法要符合要求	□是 □否	
		4. 西装的上衣及西装的口袋不可装物品	□是 □否	
		5. 衣袖、裤边不卷边	□是 □否	
		6. 皮鞋要擦亮	□是 □否	
女士套装礼仪	套装选择	1. 套装的款式、面料选择合理	□是 □否	
		2. 衬衫以白色为主	□是 □否	
		3. 内衣应柔软合理	□是 □否	
		4. 衬裙选择合理	□是 □否	
		5. 鞋袜与套装相配	□是 □否	
	套装的穿着要求	1. 穿着到位	□是 □否	
		2. 衬衫穿着符合规范	□是 □否	
		3. 衬裙穿着合理	□是 □否	
		4. 鞋袜的穿着符合规范要求	□是 □否	

◁◁ 效果评价

根据训练成果，完成以下课题评价表（见表 3-2）。

表 3-2 掌握服饰修饰技巧课题评价表

合计得分_____

考 核 项 目	考 核 标 准	得分/分
职业素养（20分）	1. 按时出勤，课堂表现好（10分）	
	2. 仪容仪表标准规范（10分）	
关键能力（60分）	1. 正确分析案例（10分）	
	2. 认真完成练习题，指出服饰要点（10分）	
	3. 认真进行领带、围巾打法训练并完成考核（10分）	
	4. 在案例分析和情景训练中能与他人配合开展训练（5分）	
	5. 遇到问题能主动寻求帮助（5分）	
	6. 能够解决活动中遇到的问题（10分）	
	7. 展现良好的团队合作精神（5分）	
	8. 展现一定的组织协调能力（5分）	
知识技能（20分）	1. 能够复述男士、女士服饰穿着礼仪（5分）	
	2. 能够掌握领带、领巾的几种打法（5分）	
	3. 能够设计适合自己的个人穿着（10分）	
心得体会		

◁ 巩固练习

1. 什么是着装 TOP 三原则？结合自己的体会谈谈着装有哪些基本原则？
2. 男士西服穿着有何相关规范？熟练掌握两三种领带的打法。
3. 女士套装穿着有何相关规范？熟练掌握两三种围巾的打法。

◁ 拓展训练

假设你现在要去面试银行柜员的职位，请为自己设计一个合适的个人形象。

课题二　掌握仪态修饰技巧

◁ 课题描述

所谓仪态，是指人们言行中所呈现出来的各种身体姿态造型的总称。本课题主要根据银行职员仪态礼仪的规范和仪态美的要求,学习基本的站、坐、走等姿态以及手势、表情等个人仪态。优美的仪态是形体美的重要因素之一。潇洒的风度、优雅的举止常会给人留下深刻的印象,赢得他人的尊重。银行职员在自己的工作岗位上,务必高度重视仪态的正确运用。

◄◁ 学习目标

仪态是一种无声的语言。在日常交往中,人们通过语言交流信息的同时,身体姿态也在传递着信息,不当的体态会干扰人与人之间的正常交流。进行本课题的学习,希望达到如下目标:

1. 掌握正确的体态礼仪。
2. 把握规范的立姿、坐姿、走姿。
3. 通过训练让学生纠正错误的体态习惯,形成优雅的行为举止。

◄◁ 实训准备

一、实训人员组织

全班分组,每组4～6人(最好双数分组),各组自行确定组长并进行分工。在各组组长的带领下,组员两两进行训练。

二、实训时间安排

本实训安排3课时,每个学生立姿、坐姿、走姿礼仪训练时间不少于20分钟。

◄◁ 知识准备

美的体态主要表现在站、坐、行、卧四方面。古人对这四种姿态有着形象的比喻:"立如松,坐如钟,行如风,卧如弓。"根据银行服务的规范化要求,银行职员在自己的工作岗的位上,应重视体态的正确运用。

一、银行职员的规范站姿和常用站姿

1. 规范站姿

规范站姿要求做到"站如松",意思是说站立时要像松树那样挺拔端正。站姿是其他优美体态的基础,是表现不同体态美的起点。规范站姿要求做到以下五个方面:

(1)头正:双目平视前方,下颌微收,嘴微闭,面带笑容。

(2)肩平:双肩平正,自然放松,肩胛内收下沉。

（3）臂垂：双臂放松，自然下垂于体侧或双手放在腹前交叉，左手放在右手上。

（4）身直：挺胸，收腹，臀部内收。

（5）腿并：两腿直立，贴紧，两脚跟相靠，脚尖呈 45°～60°打开。规范站姿的范例如图 3-10 所示。

2. 常用站姿

（1）服务员式站姿。服务员式站姿是一种常用的接待站姿，要求站立时双手在腹前交叉，右手搭在左手上，双肘微屈。这种站姿，男士可以用小"八"字步，两脚跟微微分开，但距离不能超过 20 厘米，两脚尖自然向外张开与肩宽。女士可以用小"丁"字步，即一脚稍微向前，脚跟靠在另一脚内侧，后脚尖与肩部同一方向。女士站姿的手部姿势与男士有所区别，如图 3-11 所示。

图 3-10　规范站姿

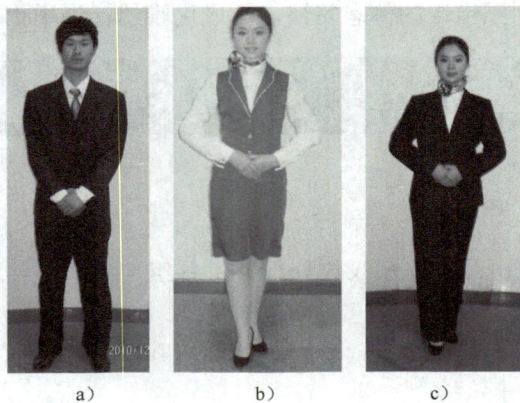

图 3-11　各种站姿

a）男士服务员式站姿　b）女士套裙服务员式站姿　c）女士裤装服务员式站姿

（2）双手背后式站姿。双手背后式站姿的双手在身后交叉，右手贴在左手手背上，双手贴在两臀中间。双脚可分可并，分开时不超过肩宽，脚尖展开，两脚夹角成 60°，挺胸立腰，收颌收腹，双目平视，如图 3-12 所示。

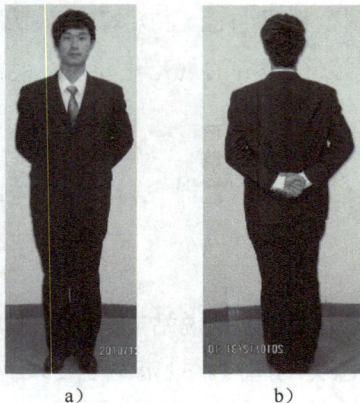

图 3-12　双手背后式站姿

a）双手背后式站姿正面　b）双手背后式站姿背面

（3）体后单屈臂式站姿。体后单屈臂式站姿的右手背在后面，贴在臀部，左手自然下垂，五指自然弯曲，放于体侧，双脚可并拢也可分开。这种站姿多用于男士，显得大方、自然，如图3-13所示。

二、银行职员的规范坐姿和常用站姿

坐作为一种举止，也是一种静态造型，同样有美与丑、优雅与粗俗之分。坐姿要求"坐如钟"，即坐下时要像大钟那样端庄、沉稳。文雅优美的坐姿让人觉得安详、舒适、端正、舒展、大方。

图3-13　体后单屈臂式站姿

（一）规范坐姿

入座时要轻、稳、缓。在正式场合一般应从椅子的左边入，左边出，以示礼貌。一般只坐椅子的2/3，不要坐满或只坐椅边。女子入座时，若是裙装，应用手将裙子稍稍拢一下，不要坐下后再拉裙子。入座后，要保持上半身自然挺直，双肩放松，可将两臂自然弯曲放于腿面，掌心向下，也可将两手放于椅子扶手上。双膝并拢，双腿正放或侧放，双脚并拢或交叠。男士可双膝分开一拳，双脚略分开，但不要超过肩宽，双手掌心向下，自然放于双膝之上。

起座时，右脚向后收半步，然后站起。女子起座时，若是裙装，应用手将裙子稍稍拢一下，以保持平整。

（二）常用坐姿

1. 标准坐姿

标准坐姿对于男女都适用。这种坐姿要求双腿并拢，上体挺直，坐正，两脚略向前伸，双手分别放在双膝上，男士可将双腿略分开，如图3-14所示。

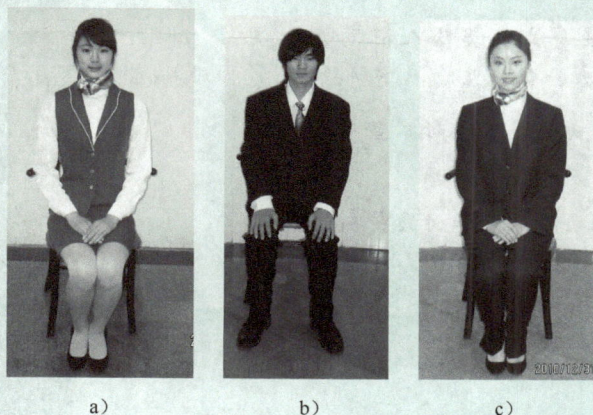

图3-14　标准坐姿

a）裙装标准坐姿　b）男士标准坐姿　c）裤装标准坐姿

2. 双脚交叉式坐姿

这种坐姿只适用于女士。落座时应坐正，上体挺直，双腿并拢，双脚在脚踝处交叉，交叉后的双脚可以内收，也可以斜放，但不能向前远远伸出，双手交叠，置于左腿或右腿上，如图 3-15 所示。

3. S 形坐姿

S 形坐姿只适用于女士。落座时应坐正，上体挺直，双腿并拢，双腿同时侧向左或侧向右，双脚可并拢和也可交叉。双手交叠，置于左腿或右腿上，如图 3-16 所示。

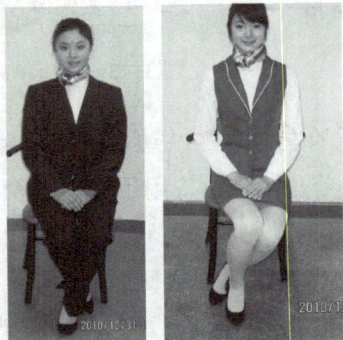

图 3-15 双脚交叉式坐姿

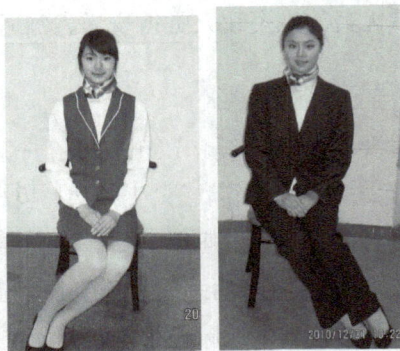

图 3-16 S 形坐姿

4. 双腿交叠式坐姿

双腿交叠式坐姿也称为搭腿式坐姿，这种坐姿要求落座时将右大腿放于左大腿上，左小腿垂直于地面，脚掌着地，右小腿适当向内收，同时脚尖向的下，如图 3-17 所示。

温馨提示：

双腿交叠式坐姿给人以高贵、优雅的美感，但应注意以下问题：

（1）女士着短裙时不宜采用这种坐姿。

（2）采用此坐姿时应特别注意与跷二郎腿区别开，切忌悬空脚的脚尖朝天脚底朝向他人，或伴有上下抖动等不雅动作。

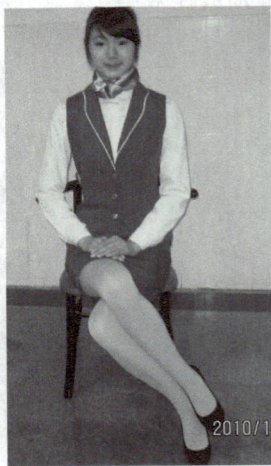

图 3-17 双腿交叠式坐姿

三、银行职员的规范走姿

走姿又称步态，是指一个人在行走过程中的姿势，体现了一种动态的美。走姿的要求"行如风"，是指人行走时要像风一样轻盈，动作连贯，从容稳健。良好的走姿会给人留下美好的印象，学习规范的走姿是很有必要的。

规范的走姿为挺胸收腹，腰背立直，双臂以身体为中心，前后自然摆动，前摆约 35°，后摆约 15°，手掌朝里，起步时身体稍向前倾，重心落于前脚掌，膝盖伸直，脚尖向前方伸出，行走时双脚踩在一条线的边缘上，如图 3-18 所示。

图 3-18　规范走姿

银行职员在行走时，应特别关注以下四点：

1. 步位

在行走时，尽量使自己在一条直线上行走，可以给人一种稳重感。具体的方法是在行走时假设下方有一条虚拟直线，男士两脚跟交替踩在直线上，脚跟先着地，然后迅速过渡到前脚掌，脚尖略向外。女士则应走一字步，即两腿交替迈步，两脚交替踏在直线上。

2. 步幅

一般以前脚跟与后脚尖相距约一个脚长为宜，男士走路的步幅可略大些，以体现出挺拔、优雅的风度。女士着裙装时步幅应小些，以免显得不雅。

3. 步态

男士步伐矫健、稳重、洒脱，有阳刚之美，频率一般约为每分钟 100 步，女士步伐轻盈，具有阴柔秀雅之美，步伐频率约为每分钟 90 步。如遇急事，可加快步速，但不宜在工作场所奔跑。

4. 步韵

跨出步子应是全部脚掌着地，膝和脚踝不可过于僵直，应该富有弹性，膝盖要尽量绷直，双臂自然轻松摆动，使步伐因有韵律节奏感而显优美柔韧。

◁ 技能训练

一、案例分析

有一位投资人，与某企业洽谈合资业务，谈了好几次之后，他对朋友说："这是我最后一次洽谈了，我要跟他们的最高领导谈，谈得好就可以拍板。"两个星期后，朋友问他："谈成了吗？"他说："没谈成。"朋友问其原因，他回答："对方很有诚意，进行得也很好，就是跟我谈判的那个领导坐在我的对面，当他跟我谈判时，不停地抖着他的双腿，我觉得还没有跟他合作，我的财路就被他抖掉了。"

请分析案例中合作失败的原因，并谈一谈站姿、坐姿、走姿仪礼在日常生活和工作中有哪些作用。

二、优雅体态训练

1．实训目的与要求

通过实训，养成正确规范的站姿、坐姿、走姿，展现作为银行职员良好的精神风貌和礼仪修养。

2．实训器材

全身大镜子、凳子、椅子、摄像机、多媒体。

3．实训内容

（1）站姿的训练：规范站姿、服务员式站姿、双手背后式站姿、体后单屈臂式站姿。

（2）坐姿的训练：标准坐姿、双脚交叉式坐姿、S形坐姿、双腿交叠式坐姿。

（3）走姿的训练：规范走姿，包括走直线、停顿、拐弯、侧行、侧后退步等。

4．实训方法

（1）站姿训练：教师讲解站姿的基本要领后，让学生采用背靠墙站立和背靠背站立的形式进行练习，在训练中可让学生头顶书、双膝夹纸来加强难度。

（2）坐姿训练：教师讲解坐姿的基本要领后，将男女同学分组，按6人一组进行练习。

（3）走姿训练：按6人一组一字排开对镜练习。

在进行站姿、坐姿、走姿训练时可配有音乐，以减轻训练的疲劳感。实训过程中进行摄像，然后播放实训录像，使学生了解自己的体姿实训情况，然后在教师指导下进行纠正。

◁ 效果评价

根据训练成果，完成以下课题评价表（见表3-3）。

表3-3　体态修饰技巧课题评价表

合计得分_____

考核项目	考核标准	得分/分
职业素养（20分）	1．按时出勤，课堂表现好（10分）	
	2．仪容仪表标准规范（10分）	
关键能力（60分）	1．正确分析案例（10分）	
	2．认真听讲解、观察示范（10分）	
	3．认真进行身体姿态的实训（10分）	
	4．在案例分析和实训中能与他人配合开展训练（5分）	
	5．遇到问题能主动寻求帮助（5分）	
	6．能够解决活动中遇到的问题（10分）	
	7．展现良好的团队合作精神（5分）	
	8．展现一定的组织协调能力（5分）	
知识技能（20分）	1．能够复述各种站姿、坐姿、走姿的要领（10分）	
	2．能够掌握各种站姿、坐姿、走姿的基本方法并运用在日常生活（10分）	
心得体会		

◀◁ 巩固练习

1. 什么是仪态？仪态包括哪些内容？良好的仪态有什么作用？
2. 请简述基本站姿五个要点及几种常用站姿要求。
3. 请简述入座、就座、离座的要领及几种常用坐姿要求。
4. 请简述走姿的要求。

◀◁ 拓展训练

1. 对照言行举止的基本要求找出自己行为举止的优缺点。
2. 情景模拟招聘面试现场，由教师和各组长组成面试官，对面试者的站姿、坐姿、走姿、神情举止等进行评分，决定是否录用。

课题三　掌握表情修饰技巧

◀◁ 课题描述

表情是人的情感与心理活动通过面部、声音或身体姿态的表现。曾有心理学家提出了一个公式：感情的表达 = 言语（7%）+ 声音（38%）+ 表情（55%）。由此可见，表情在人与人之间的沟通上占有重要的地位。

◀◁ 学习目标

在现代社会交往中，凡事要提倡文明礼让，讲究礼节，服务行业更是如此。表情是人际交往中相互沟通的形式之一。进行本课题的学习，希望达到如下目标：

1. 学会用目光、微笑等表情与人交流。
2. 能准确把握实际情况，富有技巧性。

◀◁ 实训准备

一、实训人员组织

全班分成两人一组，每组面对面地进行训练。

二、实训时间安排

本实训安排 2 课时，每个学生的表情训练时间不少于 20 分钟。

◁ 知识准备

在日常生活中你遇到过图 3-19 中的表情吗？如果你是顾客，遇到这样的服务人员你还会光顾这家店吗？你喜欢什么样表情的服务人员？

图 3-19 各种表情

一、目光

目光是人际交往时的一种无声语言，往往可以于无声处胜有声，表达丰富的意义和情感。一个良好的交际形象，目光应是坦诚、亲切、和蔼、有神的，特别是在与人交谈时，目光应该注视对方，不应该躲闪和游移不定。

1. 注视时间

在整个交谈过程中，与对方目光接触应该累计达到全部交谈过程的 50% ～ 70%，其余 30% ～ 50% 的时间可以注视对脸部以外的 5 ～ 10 米处，这样比较自然、有礼貌。

> 温馨提示：
>
> 亲切柔和的目光＋诚恳自然的微笑＝优质服务的开始

2. 注视区域

场合不同，注视的部位也不同，从而可分为公务凝视、社交凝视和亲密凝视三种常见类型。

（1）公务凝视。在洽谈、磋商、谈判等履行公务职责的严肃场合，目光要给人一种严肃、认真的感觉。注视的位置在对方双眼或双眼与额头之间的区域。谈公务时，如果你注视对方这个部位，就会显得严肃认真，对方也会感到你有诚意，有助于把握谈话的主动权和控制权。公务场合目光凝视区域如图 3-20 所示。

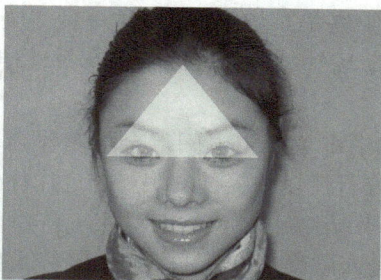

图 3-20 公务场合目光凝视区域

（2）社交凝视。在各种社交场合，注视的位置在对方唇心到双眼之间的三角区域。当你的目光看着对方的这个区域时，会营造出一种轻松自然的气氛。社交场合的目光注视如图3-21所示。

（3）亲密凝视。这是亲人、恋人以及家庭成员之间使用的注视方式。凝视的位置在对方双眼到胸之间，如图3-22所示。

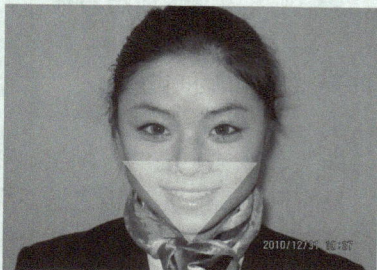

图 3-21 社交凝视区域

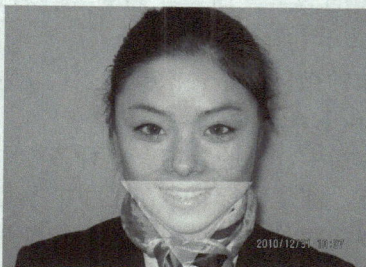

图 3-22 亲密凝视区域

3. 注视方式

无论是使用哪种凝视，都要注意不可将视线长时间固定在某一位置上，应适当地将视线从固定的位置上移开片刻。这样能使对方心理放松，感觉平等，促进交往。

当与人说话时，目光要集中注视对方。听人说话时，要看着对方眼睛，这是一种既讲礼貌又不易疲劳的方法。如果对谈话感兴趣，就要用柔和友善的目光正视对方的眼部范围；如果想要中断与对方的谈话，可以有意识地将目光稍稍转向别处。当对方说错了话正在尴尬害羞时，不要马上转移自己的视线，而要用亲切、柔和、理解的目光继续看着对方，否则对方会误以为你傲慢，在讽刺和嘲笑他。

二、微笑

微笑不仅仅是一个简单的面部表情，更是一个人内心世界的生动写照。一个经常在脸上挂着微笑的人，在任何场合都更受到欢迎。

微笑是每位银行职员工作的一部分。微笑服务是一项职业要求，也是热情待客的表现。笑迎天下客，是服务工作的宗旨，是与顾客打交道的基本态度。

1. 微笑的好处

（1）调节情绪。情绪是人们对于周围事物的一种内心感受和体验。它能影响一个人的处世态度，并且具有相当的感染力。微笑是积极、乐观的一种情绪表现。在工作岗位以微笑示人，既可以创造出一种和谐融洽的现场气氛，又可以感染客户，使其倍感愉快和温暖并在一定程度上化解矛盾与冲突。

（2）消除隔阂。人际交往中难免产生隔阂，金融工作自然也是如此。在一般情况下，当人与人之间产生冲突时，一方若能以微笑面对另一方，往往便不会进一步激化矛盾。有时，这样做还可以化解双方的矛盾或误会。

（3）获取回报。微笑是促进人际交往中的润滑剂。服务人员在工作中若能始终面带微笑，以微笑开始，以微笑结束，必然会赢得客户的信任，获得良好的服务效果。

（4）有益身心健康。对于银行职员个人而言，微笑不仅可心悦人，而且也是利己的。微笑的好处是不仅能为自己营造良好人际关系，还能促进个人的身心健康。

2. 微笑的种类

在人类的笑容中，微笑的用途最广、效益最大，微笑大致可以分为以下几类。

（1）自信的微笑：这种微笑充满着自信和力量，遇到困难或危险时能帮助你渡过难关。

（2）礼貌的微笑：懂得礼貌的人会将这种微笑当做礼物慷慨地赠与他人，收获他人的理解与支持。

（3）真诚的微笑：这种微笑能表现出对他们的尊重、理解和同情。

3. 微笑的基本要领

在日常生活中，人的笑容有多种多样。假笑、媚笑、冷笑、窃笑、嘲笑、怪笑、狞笑、大笑、狂笑等，都是银行职员在工作中不可取的。只有微笑，才是适当之选。因此，微笑完全可以成为银行职员在工作岗位上的一种常规表情或标准表情。

微笑的基本要领是：放松面部表情肌肉，嘴角两端微微向上翘起，让嘴唇略呈弧形，不露牙齿，不发出声音，轻轻一笑。通过训练，会使微笑的效果更好。微笑训练方法有很多，在这里仅介绍三种。

（1）练微笑口型。摆出发普通话"一"音的口型，注意用力抬高嘴角两端，下唇迅速与上唇并拢不要露出牙齿。

（2）借助"情绪记忆法"辅助训练微笑，即把自己生活中最高兴的情绪储存在记忆中，当需要微笑时可以回想起那件最使你兴奋的事，脸上会自然流露出笑容。

（3）意念理智训练。微笑服务是银行工作的必备要求，银行职员必须按要求去做，即使有不愉快的事也不能带到工作中去。

4. 微笑的四个结合

微笑必须发自心底才会动人，只有诚于中才能美于外。因此微笑时必须注意四个结合。

（1）微笑和眼睛的结合。微笑时，眼睛的作用十分重要。眼睛是心灵之窗，眼睛具有传神传情的特殊功能。只有笑眼传神，微笑才能情真意切、扣人心弦。

（2）微笑和神情的结合。"神"就是笑出自己的神情、神态，做到精神饱满；"情"就是要笑出感情，做到关切友善。

（3）微笑和仪态仪表的结合。得体的仪表，端庄的仪态，再配以适度的微笑，就会形成完整和谐的美，给人以享受。

（4）微笑和语言的结合。语言和微笑都是传播信息的重要因素，只有做到二者的有机结合，才能相得益彰，微笑服务才能发挥出其应用的功能。

◀◁ 技能训练

一、表情训练

1．训练目的与要求

通过表情训练，要求学生能恰当地运用目光和微笑与人交流。

2．训练器材

镜子。

3．训练内容

（1）目光的具体要求如下：

1）在接待客户时，问话、答话、递物等都必须以热情柔和的目光正视客户的眼睛，向客户行注目礼，使之感到亲切温暖。

2）在目光运用中，正视、平视更能引起人的好感，显得礼貌和诚恳，应避免俯视、斜视。

（2）微笑的具体要求：嘴巴不张开，不露牙齿，不发出声音。

4．训练方法

教师传授要领后学生个人对着镜子进行自我训练，然后进行分组练习，两人一组进行交流，熟练掌握使用目光和微笑的技巧与要求。

二、请学生对照本课题的知识点进行案例分析

案例	王小姐虽然今年只有22岁，就已经是一家四星级饭店的前台主管。在这里工作的四年里，她从迎宾员做起，再到餐厅服务员和前台服务员，一路升职到现在的岗位。因为性格爽朗，从小就爱笑，不管是遇到开心的事，还是因为莫名的原因，她都能开怀大笑起来。记得刚来时，她与一位客人交谈时，竟放声大笑，弄得客人尴尬不已。事后领导对她进行了批评和提醒她在各种场合要注意掌握分寸。笑，是从事服务行业的必备素养之一，但并不就意味着可以毫无礼节和尺度约束。王小姐这才明白，微笑服务说来容易做到难。从此以后，一旦她走上工作岗位，总是提醒自己让新的一天从微笑开始，在微笑服务中倾注一份真诚的情感，让微笑感染、沟通每一位客人的心灵。 　　有一次，一位客人外出时，恰巧有一位朋友来找他。这位朋友便要求在他房间等候。由于客人事先没有给前台打招呼，前台服务员便婉拒了他朋友的要求。客人回来后，从朋友那里得知情况，十分不悦，就跑到前台与服务员争执起来。前台主管王小姐闻讯赶来，刚要开口解释，盛怒的客人就指着她鼻子尖，言辞激烈地对饭店进行指责。她明白，在这种情况下，作任何解释都是毫无意义的，反而会更加激怒客人。于是，王小姐十分镇定地等待客人发完牢骚，而她的脸上则始终保持友好的微笑。 　　最后，客人终于平静下来。王小姐这才心平气和地告诉他饭店的有关规定，并表示歉意。也许是王小姐的举动打动了他。这位客人这才渐渐意识到自己的举动有些不妥，错怪了饭店的工作人员。后来这位客人离店时还专门找到王小姐道别，愧疚地说："你的微笑和真诚打动了我，希望我再来时还能见到你的微笑。"

◀◁ 效果评价

根据训练成果，完成以下课题评价表（见表 3-4）。

表 3-4　仪态表情礼仪课题评价表

合计得分_____

考 核 项 目	考 核 标 准	得分 / 分
职业素养（20分）	1. 按时出勤，课堂表现好（10分）	
	2. 仪容仪表标准规范（10分）	
关键能力（50分）	1. 认真进行表情训练（10分）	
	2. 正确分析案例（10分）	
	3. 在案例分析和表情训练中能与他人配合开展训练（5分）	
	4. 遇到问题能主动寻求帮助（5分）	
	5. 能够解决活动中遇到的问题（10分）	
	6. 展现良好的团队合作精神（5分）	
	7. 展现一定的组织协调能力（5分）	
知识技能（30分）	1. 能够回答目光、微笑礼仪技巧（10分）	
	2. 能够运用正确的目光、微笑表达感情，没有不自然表情（10分）	
	3. 能够配合得体的肢体语言（10分）	
心得体会		

◀◁ 巩固练习

请学生分组讨论在工作和生活中，常把微笑挂在脸上有几个方面的作用？

_____

_____

◀◁ 拓展训练

1．创设环境训练

假设一些场合、情境，让同学们调整自己的角色，进行微笑训练。

2．课前微笑训练

每一次礼仪课前早到一会儿，与教师、同学微笑示意，进行礼节性交谈。

3．微笑服务训练

积极参加课外或校外的礼仪迎宾活动与接待工作。

4．具体社交环境训练

遇见每一个熟人都展示自己最满意的微笑。

模块四　金融客户的接待技巧

模块简介

- 学习文明用语、礼貌用语的使用
- 掌握金融服务岗位的接待技巧

学习目标

- 掌握文明用语、礼貌用语的使用规范
- 能应对不同的工作情景，使用得体的语言
- 熟练掌握客户接待业务活动的技能技巧

课题一　学会文明用语

◁ 课题描述

　　金融行业工作人员接待客户时运用文明有礼、高雅清晰、称谓恰当、声音柔和的语言会给人以愉悦的感受，创造出融洽和谐的气氛。

◁ 学习目标

1. 了解文明用语的基本内容。
2. 掌握文明用语的使用规范。
3. 参加文明用语礼仪的团队训练。

◀◁ 实训准备

一、实训人员组织

全班按每组 4～6 人（最好双数分组）进行分组，自行确定各组组长并进行分工。在各组组长的带领下，组员两两进行训练。

二、实训时间安排

本实训安排 2 课时，每个学生文明用语礼仪训练时间不少于 20 分钟。

◀◁ 知识准备

一、文明用语礼仪的重要性

金融行业的前台人员是对外服务的窗口，客户往往通过这个窗口来推断金融行业的工作作风、精神面貌、员工素质等整体形象。文明用语是金融行业工作人员在工作岗位上使用语言时应当遵守的基本礼仪规范之一。

二、文明用语的内容

文明用语主要包括称呼恰当、口齿清晰和用词文雅等几个方面。

（一）称呼恰当

称呼是人与人交往时使用的称谓和呼语，对金融行业工作人员而言，称呼主要是指在接待客户过程中，对于服务对象所采用的称谓语，称呼恰当与否，将直接影响交流效果和服务质量。使用恰当的称谓语，要具体从以下四个方面来入手。

1. 区分对象

金融行业工作人员所接触的服务对象广泛，涵盖社会各界人士，由于彼此双方的关系、年龄、性别、身份、地位、民族等存在差异，因此在具体称呼服务对象时，金融行业工作人员应该有所区别。一般来讲，在工作中会用到的称呼有：职务性称呼、职称性称呼、行业性称呼、性别性称呼、姓名性称呼。

（1）职务性称呼：以交往对象的职务相称，以示身份有别、敬意有加，这是一种最常见的称呼。职务性称呼通常有三种情况：称职务、在职务前加上姓氏、在职务前加上姓名（适用于极其正式的场合），例如"经理"、"陈经理"、"陈凯经理"等。

（2）职称性称呼：对于具有职称者，尤其是具有高级、中级职称者，在工作中直接以其职称相称。使用职称称呼时可以只称职称、在职称前加上姓氏、在职称前加上姓名（适用于十分正式的场合），例如"教授"、"徐教授"、"徐涛教授"。

（3）行业性称呼：在工作中，有时可按行业进行称呼。对于从事某些特定行业的人，可直接称呼对方的职业，如老师、医生、会计、律师等，也可以在职业前加上姓氏、姓名。

（4）性别性称呼：对于从事商界、服务行业的人，一般约定俗成地按性别的不同分别称呼"小姐"、"女士"或"先生"。"小姐"是称未婚女性，"女士"是称已婚女性。

（5）姓名性称呼：在工作岗位上称呼姓名，一般限于同事、熟人之间，主要有以下三种情况：可以直呼其名；只呼其姓，在姓前加上"老"、"大"、"小"等前缀；只称其名，不呼其姓，通常限于同性之间，尤其是上司称呼下级、长辈称呼晚辈，在亲友、同学、邻里之间也可使用这种称呼。

2. 照顾习惯

在实际生活中称呼他人的时候，必须对交往对象的语言习惯、文化层次、地方风俗等各种因素加以考虑，并分别给予不同的对待。例如在国际交往中，"先生"、"小姐"、"夫人"一类的称呼最为适用；在称呼熟人或老年人的时候，也可以采用一些非正式的称呼，如"大哥"、"大姐"、"大爷"、"大娘"等，这样会使对方感到亲切，但是若在正式的商务场合，则有所不妥。

3. 分清主次

需要称呼多位服务对象时，一般要分清主次依次进行。在需要区分主次进行称呼时，可以遵循两条原则：一是由尊而卑，如通常是先长后幼、先女后男、先上后下、先疏后亲。二是由近到远原则，先对离自己近的进行称呼，然后依次向远的称呼他人。假如几位被称呼者一起前来，可以进行统一称呼，例如"各位来宾"、"女士们"、"先生们"等。

4. 禁用忌语

在需要称呼他人的时候，金融行业工作人员需要了解一些禁忌，以防出现不愉快。主要的情况有：

（1）不使用任何称呼。有的服务人员不使用任何称呼，而是使用"喂"、"嘿"、"下一个"、"那个谁"等，是非常失礼的表现。

（2）使用不雅的称呼。一些不雅的称呼，特别是含有人身侮辱和歧视之意的称呼，是绝对忌用的。

（二）口齿清晰

在工作岗位上，金融行业工作人员在很多情况下要与服务对象面对面进行口头交谈。服务人员在使用口语时，不管是遇到何种交往对象，均应做到口齿清晰、文明待人。口齿清晰主要有两个方面要求，一是符合口语特点，二是符合语言规范。

1. 符合口语特点

要想发挥口语的功效，应该掌握口语通俗活泼、机动灵活和简明扼要三个方面的特点。

（1）通俗活泼。浅显易懂、生动形象是口语最重要的特点。一般来讲，口语中不该出现书面语、术语、典故等，忌讳故弄玄虚。金融行业工作人员在使用口语时要善于运用生活中的平常话语，表明个人见解即可，必要时可辅助以相应的表情动作。

（2）机动灵活。人们在运用口语进行交际时，既要适当表达个人的本意，又要注意随机应变，在交谈过程中随时对自己所应用的口语的具体内容与形式进行适度的调整。

（3）简明扼要。简单明快，突出重点是成功运用口语的要求。运用口语交际时，大多使用短语，不太用很多的修饰语，在逻辑上也没有那么严密，但求词能达意即可。应当强调的是，金融行业工作人员在工作岗位上使用口语时，不仅要了解口语的上述基本特点，更重要的是要努力使自己在与人交际的过程中真正做到口齿清晰，被交往对象才能听清楚、弄明白，实现双向沟通。

2. 符合语言规范

金融行业工作人员要做到口齿清晰，还需在语言标准、语调柔和和语气正确等三个方面符合服务礼仪的基本规范。

（1）语言标准是语言交际的基本前提，主要包括两个方面：一是使用普通话，二是发音正确。做好了这两个方面才算得上遵守语言标准。我国地域辽阔，风俗习惯各异，方言也较为复杂，而且在语音、词汇等方面有很大差异，作为金融行业工作人员一定要掌握标准普通话，并且对当地的方言也有一定的听说能力，这样才能进行更好的沟通和服务。

（2）语调柔和。语调柔和也是口齿清晰的基本要求之一。语调一般是指人们说话时的腔调，通常一个人的语调主要体现于他在讲话时语音的高低、轻重、快慢。金融行业工作人员要多加注意这些方面。

（3）语气正确。语气是人们说话时表现出来的态度、口气等。语气主要有陈述、疑问、祈使、感叹、否定等不同句式。在人际交往中，语气往往会表露出交谈者的情感倾向，而被认为具有言外之意的功能。因此，金融行业工作人员在工作岗位上与客户进行交谈时，一定要在语气上表现出热情、亲切、和蔼和耐心，注意不要让自己的语气显得急躁、生硬和轻慢。

（三）用词文雅

对于金融行业工作人员来说，文明用语中用词文雅，需要做到避免使用不雅词语，尽量使用文雅的词语。金融行业工作人员在交谈时，不应当使用不文雅的词语，其中粗话、脏话、黑话、怪话和废话更是在任何情况下都不可以出现，而应力求谦恭、敬人、高雅。但是服务人员在使用文雅的词语时仍要注意，毕竟是口语交谈，要避免咬文嚼字和矫揉造作。

此外，金融行业工作人员还应当注意，文明用语包括语言内容文明、语言形式文明和语言行为文明，只有三者并重，才是真正的文明用语。

◀◁ 技能训练

一、分组测试，了解自己对文明用语礼仪掌握的情况（下列选项中认同的打"√"，不认同的打"×"）

1. 为了缩小双方的距离，对客户都采用非正式的称呼。　　　　　　　　　（　　　）

2．当等候的客户很多时，可以不使用任何称呼，直接使用"下一个"、"那个谁"，以此提高服务速度。　　　　　　　　　　　　　　　　　　　　（　　）

3．假如几位客户一起前来，可以统一称呼，如"各位来宾"、"女士们"、"先生们"等。　　　　　　　　　　　　　　　　　　　　　　　　　　　（　　）

4．在向客户介绍理财产品时，尽可能多地使用专业术语，才能提供准确的金融信息。　　　　　　　　　　　　　　　　　　　　　　　　　　（　　）

5．在与客户口头交谈时，必须做到逻辑严密。　　　　　　　　（　　）

要求：该测试题如果做错三题以上，说明你的文明用语礼仪知识很不足，需要加强学习。

二、请对照本课题的知识点，分组讨论以下案例

1．资历老的员工如何开口

刘师傅年近60，工作经验丰富，在同事中的口碑也不错，但职位仍在基层。单位里的胡经理比他晚入职很多年，年纪也不大，还曾经在刘师傅手下做过学徒，但是现已身居要职。两个人每次碰面都有些不自在，刘师傅有时候称呼胡经理为"胡总"，总让人感觉他是在说反话，话里带着刺。后来刘师傅认为自己年纪也不算小了，即将退休，索性就直接以"小胡"称呼胡经理，如图4-1所示。

请同学们想想刘师傅这样称呼胡经理是否合适？

图4-1　我该如何称呼他

2．客人的投诉

有位住店客人早上要出门，刚出房间门就听到客房服务员对他说："先生你好。"他很高兴，接着进了电梯又听到电梯服务员对他说："先生你好。"他已经开始有点麻木了，到了大堂，又听到服务员说："先生你好。"到了大门口，门童还是例行公事地和他说："先生你好。"他觉得这一天的好心情都没有了，直接找大堂经理投诉。

请同学们想想这位客人的投诉有没有道理，如果你是客人会有什么感受，如果你是管理人员你该如何处理这种情况。

3．"礼貌"的服务员

一家酒店的服务员在看到客人后问道"小姐，请问您姓什么啊？"当看到客人碗里的饭不

多时，便问道"请问您要饭吗？"当所有的菜都上桌了，便告诉客人："你的菜都上完了。"得知客人明天要乘坐飞机离开这个城市，就很高兴地祝福"一路顺风"……

请同学们找出此案例中不规范的语言表达有哪些，再总结改进措施。

◀◁ 效果评价

根据训练成果，完成以下课题评价表（见表4-1）。

表4-1 文明用语礼仪课题评价表

合计得分_____

考 核 项 目	考 核 标 准	得分/分
职业素养（20分）	1. 按时出勤，课堂表现好（10分）	
	2. 仪容仪表标准规范（10分）	
关键能力（60分）	1. 认真完成测试题（10分）	
	2. 正确分析案例（20分）	
	3. 在案例分析中能与他人配合开展训练（5分）	
	4. 遇到问题能主动寻求帮助（5分）	
	5. 能够解决活动中遇到的问题（10分）	
	6. 展现良好的团队合作精神（5分）	
	7. 展现一定的组织协调能力（5分）	
知识技能（20分）	1. 能够复述文明用语的礼仪（5分）	
	2. 能够对案例提出建议或改进的方案（15分）	
心得体会		

◀◁ 巩固练习

1. 为什么金融行业员工的文明用语很重要？
2. 文明用语主要包括几个方面的具体内容？

◀◁ 拓展训练

掌握文明用语的使用原则，收集各个行业文明用语中的禁忌。

课题二 学会礼貌用语

　　使用礼貌语言礼貌待人，是中华民族的优良传统。讲礼貌也是现代人文明程度的一项重要标志，是一项基本素养。礼貌是拉近客户关系的一座桥梁，懂礼貌的员工容易让客户接受。礼貌不仅能反映个人的知识与涵养，而且能反映出整个企业的企业文化和精神风貌。礼貌是道德的外衣，道德是礼貌的内涵，因此，金融行业员工要认清哪些是应该做的，哪些是不应该做的，以此来规范自己的行为。

◀◁ 学习目标

　　1．了解礼貌用语的基本种类。
　　2．掌握礼貌用语的使用规范。
　　3．参与礼貌用语礼仪的团队训练。

◀◁ 实训准备

一、实训人员组织

　　全班按每组 4～6 人分组（最好双数分组），各组组长对组员进行分工，并带领组员两两进行训练，或教师设定模拟情境，中学生回答。

二、实训时间安排

　　本实训安排 2 课时，每个学生礼貌用语礼仪训练时间不少于 20 分钟。

◀◁ 知识准备

一、礼貌用语礼仪的重要性

　　金融行业礼貌用语主要是指在服务过程中，金融行业工作人员表示自谦恭敬之意的一些约定俗成的语言及其特定的语言表达。在服务岗位上准确恰当地使用礼貌用语，是服务行业对从业人员的基本要求。

二、礼貌用语的种类

1．问候语

问候语用于见面时的问候，应根据时间、地点、对象、场合的不同要恰当选择。在服务岗位上，使用问候语的主要时机有：一是主动服务于客户时；二是客户有求于自己时；三是客户进入本人服务区域时；四是客户与自己相距较近或者有目光接触时；五是自己主动与客户联络时。具体的问候语主要有"你好"、"各位好"、"早上好"、"下午好"、"晚上好"等。

2．迎送语

迎送语是一般用于在服务岗位上迎来送往服务对象时使用的语言。金融行业工作人员经常会用到的有："欢迎光临"、"再见"、"欢迎再来"、"请慢走"，同时还可以施以注目、点头、微笑、鞠躬等。

3．请托语

请托语常用在请求他人帮忙或是托付他人代劳时，中心语是一个"请"字，例如"请问"、"请稍后"、"请输入密码"等。

4．致谢语

致谢语应用范围较广，既可以用于表示感谢，也可以用于表示感谢的应答，例如"谢谢"、"多谢"、"不客气"、"这是我应该做的"等。

5．征询语

在服务过程中，金融行业工作人员往往以礼貌的语言向服务对象进行征询，此时的用语就是征询语。在主动向服务对象提出帮助时，通常使用"您需要帮助吗"、"我可以为您做点什么"、"您需要什么"等。金融行业工作人员有时也可以用封闭式或选择式的语言进行征询，如"这一款理财产品是最新推出的，您需要了解一下吗"或者"您存半年期还是一年期"。

6．应答语

金融行业工作人员在岗位上用于回应服务对象的召唤或是答复征询时使用的语言，用语的规范程度直接反映了服务态度、技巧和质量的水平。通常有肯定式应答："好的"、"是"；谦恭式应答："请不必客气"、"这是我们应该做的"、"过奖了"；谅解式应答："不要紧"、"没有关系"。

7．道歉语

在工作中因为主观或客观原因导致差错、延误或者考虑不周时，工作人员应向客户诚恳致歉。致歉应实事求是，也应适度，让服务对象明白你内疚的心情和愿意把工作继续做好的愿望即可。通常有"对不起"、"抱歉"、"对此表示歉意"等。

◀◁ 技能训练

一、请学生分组讨论，下列情景应使用怎样的礼貌用语：

1. 迎接客户时，微笑并问候时："＿＿＿＿＿＿＿＿＿＿＿＿＿＿＿＿＿＿＿＿"

2. 引导客户办理业务时：

（1）该业务为本柜台办理时："＿＿＿＿＿＿＿＿＿＿＿＿＿＿＿＿＿"

（2）该业务非本柜台办理时："＿＿＿＿＿＿＿＿＿＿＿＿＿＿＿＿"

（3）该业务非本营业厅办理时："＿＿＿＿＿＿＿＿＿＿＿＿＿＿＿"

3. 引导客户填写单据时：

（1）需要客户填写单据时："＿＿＿＿＿＿＿＿＿＿＿＿＿＿＿＿＿"

（2）需要客户签名时："＿＿＿＿＿＿＿＿＿＿＿＿＿＿＿＿＿＿＿"

（3）需要客户提供电话号码时："＿＿＿＿＿＿＿＿＿＿＿＿＿＿＿"

（4）需要客户提供证件时："＿＿＿＿＿＿＿＿＿＿＿＿＿＿＿＿＿"

4. 客户提供的资料不齐时："＿＿＿＿＿＿＿＿＿＿＿＿＿＿＿＿＿＿"

5. 交还客户单据、重要证件时："＿＿＿＿＿＿＿＿＿＿＿＿＿＿＿＿"

6. 因故暂时不能办理业务，应在柜台摆放"暂停业务"的标牌予以提醒，并视不同情况给予解释。

（1）机器设备发生故障时："＿＿＿＿＿＿＿＿＿＿＿＿＿＿＿＿＿"

（2）业务繁忙或线路繁忙时："＿＿＿＿＿＿＿＿＿＿＿＿＿＿＿＿"

（3）交接班时："＿＿＿＿＿＿＿＿＿＿＿＿＿＿＿＿＿＿＿＿＿＿"

（4）下班时："＿＿＿＿＿＿＿＿＿＿＿＿＿＿＿＿＿＿＿＿＿＿＿"

二、请各组派代表将分组讨论的结果进行展示，由全班评价分析。

三、由教师进行点评并结合知识点对学生进行讲解，然后请各组修改问题答案。

四、分组进行情境训练，注意使用的语气、语调。

在这段情景对话中，客户彭先生在填单台填单开户，张艳是银行的大堂经理，她要向彭先生推荐该行网上银行专业版业务。

张　艳：您好！请问有什么需要帮助的？

彭先生：请问这张开户单怎样填啊？

张　艳：您可以参照这张开户单的样板填写。

彭先生：哦，谢谢！

张　艳：我们的网上银行专业版可以在开户时一起开通，开通后就能直接在网上进行账户查询、转账等操作。您需要开通吗？

彭先生：不用了，我觉得不放心。

张　艳：您很有风险意识，我行的网上银行采用了先进的数字加密技术，充分保障安全性，使用网上银行确实很方便。很多客户都开通了这功能。您可以用一下试试？

彭先生：好吧，我开通试试。

张　艳：谢谢您的信任，请跟我来这边办理。

五、请学生归纳常用的文明礼貌服务用语。

◁ 效果评价

根据训练成果，完成以下课题评价表（见表4-2）。

表4-2 礼貌用语礼仪课题评价表

合计得分_____

考 核 项 目	考 核 标 准	得分 / 分
职业素养（20分）	1. 按时出勤，课堂表现好（10分）	
	2. 仪容仪表标准规范（10分）	
关键能力（60分）	1. 认真完成讨论题（10分）	
	2. 认真进行情境训练（10分）	
	3. 在情境训练中能与他人配合开展训练（10分）	
	4. 遇到问题能主动寻求帮助（10分）	
	5. 能够解决活动中遇到的问题（10分）	
	6. 展现良好的团队合作精神（5分）	
	7. 展现一定的组织协调能力（5分）	
知识技能（20分）	1. 能够复述礼貌用语的种类（10分）	
	2. 能够运用正确的礼仪模拟情境对话（10分）	
心得体会		

◁ 巩固练习

假设客户张先生在银行等候区咨询理财产品，大堂经理根据张先生的实际情况为他推荐了几款理财产品。请按情境设计对话，并进行现场模拟。

◁ 拓展训练

收集一篇关于礼貌用语的小故事，并对故事进行分析。

课题三　掌握金融行业营业网点接待技巧

◁ 课题描述

熟练掌握文明用语和礼貌用语礼仪，并运用到日常接待工作中，有效提升服务质量和竞争力。

◀◁ 学习目标

1．能够掌握营业网点接待工作的流程与分工。
2．参加金融客户接待技巧的团队训练。

◀◁ 实训准备

一、实训人员组织

全班按每组 6 人进行分组，各组组长按角色进行分工，组员按 3 人一组进行训练。

二、实训时间安排

本实训安排 2 课时，每个学生接待礼仪训练时间不少于 20 分钟。

◀◁ 知识准备

一、营业前准备工作

晨会是银行营业网点员工一天工作的开始。按照各银行的规定，员工应提前到达网点，并认真自查仪表、仪容，使之符合大方、得体的规范要求。晨会不能走形式，走过场，要检查员工的仪表、仪容、精神面貌，要能够体现网点精神、网点建设、网点文化、团队合作的规范要求。网点主任应以高度负责的精神以身作则，以丰富的工作经验和过硬的业务技能安排晨会内容，以科学有序的管理水平，规范员工的服务意识。从晨会开始，标志着员工进入新一天的工作状态。网点主任应掌控好晨会时间，按规定预留员工营业前准备时间。

二、开门营业前五分钟

晨会结束，员工应迅速各就各位做好营业前的准备工作。在开门营业前五分钟必须结束所有的准备工作，站在各自的岗位上，以规范的站姿、热情的笑容，迎接新一天中的第一批客户。

三、迎接客户

我国自古就有笑迎天下客的传统，因此银行员工应该养成微笑的习惯。营业网点的每一位员工都是企业的代言人，用幸福的笑容感染客户，感染身边的同事。用洋溢热情的姿态和微笑迎接进入网点的客户。迎宾笑容，可以缩短人与人之间的心理距离，是快速沟通与交往、创造和谐温馨氛围的有效手段。

51

四、服务客户

1. 大堂经理

大堂经理是银行营业网点形象大使，是营业网点的资源调配者和服务组织者，承担维持大堂正常秩序，疏导并解答客户各种问题的重要责任。大堂经理的工作重心是给予进入网点的客户准确的指引，利用营业网点各区域的服务功能，优化营业网点内部的客户差别化服务，从而提升营业网点的服务水平。这不仅要求大堂经理的行为、举止、言谈要端正、大方、仪表规范，还应熟练掌握本银行的业务，具备较强的思维能力和沟通能力。概括起来主要有以下几个方面：

（1）检查营业网点内卫生状况和设施，确保各类设施（如利率牌、公告牌、指示牌、一米线护栏、客户等候区座椅、宣传架、填单台、自助设备、垃圾桶、绿化盆景等）摆放准确、清洁、整齐、到位。

（2）检查各种业务凭条、客户书写笔、宣传资料和单页是否充足，及时更新产品资料、宣传折页。所有资料必须保持干净整洁，摆放整齐。

（3）以规范的服务用语和优雅的姿态主动热情地问候客户，询问客户需求："您好！欢迎光临×××银行，请问您办理什么业务？"

（4）按照客户提出不同的业务需求，迅速准确地帮助和指引客户到达办理业务的窗口。使用规范用语和手势："请到叫号机前取号"、"请到×××窗口办理"或"请到×××室办理业务"。

（5）提高记住客户姓名的能力，特别是熟悉的客户，可称呼其职务、姓氏和尊称，主动热情地与客户沟通，并选择时机向客户介绍新业务、新产品，建立良好的客户关系。

（6）耐心倾听客户的意见，受理客户投诉，安抚和平息客户情绪，创造和谐、有序的营业环境。

（7）检查大堂内卫生，及时清理大堂内客户遗留下的纸屑和垃圾，保证大堂内的卫生与干净整洁。

2. 柜员

柜员是银行营业网点柜台业务的具体操作者，也是客户直接的服务者。柜员服务质量直接影响到整个银行的对外形象。每一个窗口的柜员都是银行的形象代言人，要求柜员必须做到以下几方面：

（1）叫号机叫号至本窗口时，柜员应以热情的笑容，使用叫号手势示意客户到本窗口办理业务。

（2）客户进入视线应微笑站立、热情迎接；应用规范用语、规范手势主动问候，询问客户需求："您好！欢迎光临×××银行，请问您办理什么业务？"

（3）对客户提出的需求，柜员应目光亲切，平视客户，认真倾听。

（4）根据客户的需求，柜员应以热情的语言告诉客户"请稍后，我会尽快办理"，并以娴熟的业务技能准确快捷地办理业务。

（5）办理现金业务或办理其他需要客户输入密码的业务时，应使用规范用语和规范手势示意客户输入密码："请输入密码。"

（6）如需客户签名，应使用规范用语和规范手势示意客户签名："请签名。"

（7）双手递交凭证，交接所经办的业务结果，以亲切的规范用语和规范手势告知客户已办理完业务："请核对收好凭证。"在客户接过凭证的同时，柜员应以热情的笑容，使用规范用语和规范手势向客户告别："欢迎下次光临。"

五、告别客户

业务办理结束，应与客户热情告别，做到善始善终、礼貌周到。大堂经理应以热情的笑容，亲切规范的语言，礼貌地把客户送至门口并说："欢迎下次光临。"

◀◁ 技能训练

储户金晶到光大银行办理存款业务，她与光大银行大堂经理、临柜柜员都有交谈。请三位同学分别扮演储户、大堂经理和临柜柜员。

大堂经理：您好！欢迎光临光大银行，请问您办理什么业务？

金　晶：个人存款。

大堂经理：好的，请到这边的叫号机取号。

金　晶：谢谢！

……

临柜柜员：您好！请问您办理什么业务？

金　晶：今天有一笔定期存款到期，本金不取，利息取出，再加存5万的一年定期。

临柜柜员：请出示您的身份证。

金　晶：存款也要身份证？

临柜柜员：是的，根据规定5万元以上的存款，储户需要出示身份证。

金　晶：哦，好的，这是我的身份证。

临柜柜员：请稍后，我会尽快办理。

（片刻后）

临柜柜员：请输入密码。

（金晶输入密码）

临柜柜员：请签名。

（金晶签名）

临柜柜员：这是您的身份证、存款利息和凭证，请核对后收好。

金　晶：对的，谢谢！

临柜柜员：欢迎下次光临！

◀◁ 效果评价

根据训练成果，完成以下课题评价表（见表4-3）。

表 4-3　银行营业网点接待技巧课题评价表

合计得分_____

考 核 项 目	考 核 标 准	得分 / 分
职业素养（20分）	1. 按时出勤，课堂表现好（10分）	
	2. 仪容仪表标准规范（10分）	
关键能力（60分）	1. 认真进行情境训练（10分）	
	2. 在情境训练中能与他人配合开展训练（10分）	
	3. 遇到问题能主动寻求帮助（10分）	
	4. 能够解决活动中遇到的问题（10分）	
	5. 展现良好的团队合作精神（10分）	
	6. 展现一定的组织协调能力（10分）	
知识技能（20分）	1. 能够复述营业网点接待工作的流程与分工（10分）	
	2. 能够运用正确的方式进行模拟情境对话（10分）	
心得体会		

◄◁ 巩固练习

1. 简述大堂经理的工作职责。
2. 简述银行柜员的工作职责。

◄◁ 拓展训练

到学校附近的银行网点，观察大堂经理和银行柜员是如何接待客户的，并进行记录，比较哪个营业网点的接待工作最规范，服务质量最好。

◄◁ 模块小结

本模块介绍了文明用语、礼貌用语礼仪和营业网点接待技巧。教学的最终目的不仅只是让学生记住这些礼仪规范和技巧，而是要让学生通过分组合作探讨相关知识、配合进行模拟情境练习，养成良好的职业礼仪习惯。

模块五 金融客户的沟通技巧

课题一 掌握沟通的基本类型

◀◁ 课题描述

近年来，随着客户服务需求的多样化、各家银行的网点经营管理模式转变、业务品种的不断创新，对银行的服务标准和员工的综合素质要求越来越高。沟通作为一项基本服务技能是连接"前台与后台"和"前台与客户"之间的桥梁，是做好服务工作的基础。

◀◁ 学习目标

1. 能够复述沟通的定义。
2. 掌握不同类型沟通的细节处理。
3. 参与职业沟通的团队训练。

◀◁ 实训准备

一、实训人员组织

全班按每组 4～6 人分组（最好双数分组），各组组长对组员进行分工，组员两两进行训练。

二、实训时间安排

本实训安排为 2 课时，每个学生沟通训练时间不少于 20 分钟。

◀◁ 知识准备

一、沟通的重要性

面对激烈市场竞争，提升金融企业服务质量，增强金融企业员工服务意识和沟通能力显得尤为重要。

有效的沟通能增强整个团队合作，提高客户满意率，提升银行形象；对于个人而言，有效的沟通能准确传达意图和信息，明确自己的处境，使对方对自己的观点感兴趣，建立良好的客户关系等，如图 5-1 所示。

图 5-1　沟通

二、沟通的定义

沟通是为了一个设定的目标，把信息、思想和情感在个人或群体间传递，并且达成共同协议的过程。它有三大要素：有一个明确的目标，沟通信息思想和情感，达成共同协议。

三、沟通的类型

依据不同的划分标准，可以把沟通分成不同的类型。最常见的是根据信息载体的不同，将其划分为语言沟通和非语言沟通两种类型。

（一）语言沟通

语言是人类特有的一种有效沟通方式。语言沟通包括口头语言、书面语言、图片或图形等形式。

口头语言包括面对面的谈话、开会、演讲等。书面语言包括信函、文件、广告和传真以及现在常用的电子邮件等。在沟通过程中，对于信息、思想和情感的传递而言，语言沟通更善于传递的是信息。

（二）非语言沟通

非语言沟通是指通过传播媒介而不是讲话或文字来传递信息。美国心理学家艾伯特·梅拉比安曾提出一个公式："信息的全部表达＝7%的言语+38%的声音+55%的身体语言。"这就是说，如果把语调和表情都作为非言语交往的符号，则人际交往中信息沟通就只有7%是由言语进行的。

当然，在一般交往中，非言语行为很少独立担当起沟通信息功能，它往往起着配合、辅助和加强言语的作用，所以又可称为伴随语言。然而，一旦口头言语与非言语行为结合起来后，言语就只起了方向性和规定性作用，非言语行为准确地反映出话语的真正思想和感情，担当起绝大部分信息传播职能。非语言沟通的内涵十分丰富，包括副语言沟通、身体语言沟通和物体的操纵信息、沟通等多种形式。非语言沟通的具体类型及相应的说明举例见表5-1。

表5-1　非语言沟通的类型

基本类型	说明、解释和举例
身体动作	手指、面部表情、眼色、触觉接触等
形体特征	体形、体格、姿态、身体或气味、身高、体重、头发颜色和肤色
副语言	音质、音量、语速、音调、叹词（例如"啊"、"嗯"或"哈"）、笑、叹息等
生存空间	人们使用和感知空间的方法，包括座位的安排、谈话的距离以及人们界定出个人空间的"领地"倾向
环境	建筑和房间设计、家具和其他物件的摆放、内部装饰、清洁、光线和噪声
时间	早到或迟到、让别人久等、对时代感受的文化差异以及时间和地位的关系

1. 副语言沟通

副语言沟通是通过说话时的重音、声调变化或者句中停顿等方式来实现的。心理学家称这些信号为副语言。心理学研究成果显示，副语言在沟通中起着十分重要的作用。一句话的含义往往不仅决定于其字面的意义，还取决于它的弦外之音。语音的变化，尤其是语调的变化，可以使同一句话具有完全不同的含义。不同语音、语调、语气、语速的副语言所表达的信息内涵见表5-2。

表5-2　副语言表达的信息内涵

内容	反映意义	内容	反映意义
音调	高：强调、情绪激动、兴奋	节奏	快：紧张、激动
	低：怀疑、回避、敏感话题		慢：沮丧、冷漠
声音	大：强调、激动	语气	委婉、亲切、平稳
	小：失望、不安、软弱、心虚、无力等		僵硬、冷淡

副语言分为口语中的副语言和书面语中的副语言两种类型。

（1）口语中的副语言：通过非语言的声音，如重音、声调的变化或者哭、笑、停顿实现。一般来说，人在高兴、激动时，语调往往清朗、欢畅，如滔滔海浪；而悲伤、抑郁时则黯淡、低沉，如幽咽泉流；平静时畅缓、柔和，如清清小溪；愤怒时则重浊、快速，如出膛的炮弹。恰当的语调、音调和语速可以完整正确地传递人与人之间的信息和情感，加深沟通的程度。

（2）书面语中的副语言：通过字体变换、标点符号的特殊运用以及印刷艺术的运用实现，例如对某几个字加着重号或用黑体强调。

2. 身体语言沟通

身体语言沟通主要使用目光、表情、势态、衣着打扮和空间距离等形式来传递或表达沟通信息，如图5-2所示。

（1）神态举动表达：面对面交谈时，当看到对方无精打采的眼神及百无聊赖的表情时，其意尽在不言中，对方已经通过无声的方式明确地表达了厌倦之情。

（2）空间位置表达：人与人之间的空间位置关系，也会直接影响相互之间的沟通过程。这一点不仅体现在大量的生活事实中，严格的社会心理学实验也证明了这一点：

有关研究证明，学生参与课堂讨论的积极性直接受到学生座位的影响。以教师讲台为起点，座位离起点越近，学生参与课堂

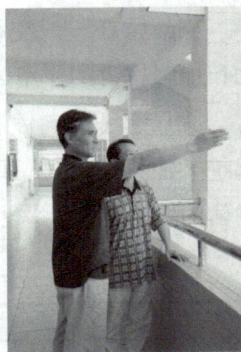

图 5-2　身体语言沟通

讨论的积极性越大。沟通中空间位置的不同，还直接导致沟通者具有不同的沟通影响力，有些位置对沟通的影响力较大，有些位置影响力较小。例如，同一种发言，站到讲台上讲与在台下自由发言所产生的作用是不同的，高高在上的讲台本身具有某种权威性。

（3）服饰形象表达：沟通者的服饰作为身体语言的一部分往往也扮演着信息发送源的角色。例如原美国总统克林顿就十分注意在不同的场合穿不同的服装。在外交场合，克林顿选择笔挺的深色西服，系深色领带；在会见选民时，他就身着浅色的休闲服，以增加亲和力。

3. 物体的操纵信息沟通

物体的操纵是人们通过物体运用和环境布置的手段来进行的非语言沟通。例如宗教凭借其独具匠心的建筑风格和宗教仪式，来向世人昭示自己的教义；在我国古代，如果主人在会客时端起茶杯却并不去喝茶，便是在暗示送客。

◀◁ 技能训练

一、测试题（认同的打"√"，不认同的打"×"）

1. 电子邮件是语言沟通中的图片方式。　　　　　　　　　　　　　　（　　）

2. 非言语行为很少独立担当起信息沟通功能，它往往起着配合、辅助和加强言语的作用，所以又可称为伴随语言。　　　　　　　　　　　　　　　　　（　　）

3．副语言沟通、身体语言沟通和物体的操纵都属于非语言沟通。　　　（　　）

4．口头语"真棒"，当音调升高、尾音上扬时，表示由衷的赞赏。　　　（　　）

5．沟通者的服饰形象不会对沟通起到任何作用。　　　（　　）

二、案例分析

1．忙碌时，有位同事来和你讨论一个问题，当问题解决之后，他却并未离开，而是把话题转向社会时事。在你的内心里，很希望立即终止这个讨论，继续工作，可是表面上，你却很礼貌、专注地听着。这时你把椅子往前挪了一下，坐直了身子并且整理桌上的文件。不管这举动是潜意识的还是故意的，它们都暗示着什么？你的这一举动属于非语言沟通中的哪一种？

2．一位车间主任在和工长讲话的时候，心不在焉地拾起一小块碎砖。他刚一离开，工长就命令全体员工加班半小时，打扫车间卫生。虽然车间主任并为提到任何一个关于清洁卫生的字，可为什么工长要让大家打扫卫生？体现了沟通的哪种类型？

请参照本课题的知识点分组讨论，回答案例中的问题。

三、情境训练与展示

银行临柜柜员李莉今天要为客户李先生办理提前支取存款业务。

李莉：（起立，欠身，微笑，目光注视对方眼睛）您好！请问您办理什么业务？

客户：我要取钱（递上存单）。

李莉：好的。（看存单）噢，您这张存单还有一个月就要到期了，按规定提前支取，利息是按活期计算的，要损失很多钱呢！

客户：我现在有急用，还是取出来好。

李莉：如果您有急用，我可以向您推荐小额质押贷款业务。您这张存单是1万元，可以贷到9 000元钱，只要付一个月的贷款利息，比您现在取出来合算多了，您看怎么样？

客户：算了算了，我还是取出来好。

李莉：那好，请问您身份证带了吗？

客户：哎呀，我没带。怎么，取自己的钱，还要身份证吗？

李莉：真对不起，因为您是提前支取，按规定需要提供本人的身份证。

客户：帮帮忙，我从很远的地方过来的，给我取一下吧！

李莉：真抱歉，提前支取一定要有身份证的。希望能得到您的理解和合作。

客户：请相信我，这真是我的存单。

李莉：对不起，这样做不是不信任您，而是为了维护您的利益。您想，万一有人拿了您的存单前来冒领，支取时又不需要身份证，这不是给您造成损失吗？

客户：这倒是，那就按规定办吧。

李莉：真不好意思，让您再跑一趟了。再见！

（过一会儿）

李莉：您好！

客户：我来提前支取存款。

李莉：好的，请问您的身份证带了吗？

客户：带了。

李莉：（双手接下身份证）请稍等。（坐下，验证，双手送还身份证，办业务）请先收好。请您输密码。

（客户输入密码）

李莉：您的密码输入有误，请您重输一遍，最后按一下确认键。

（客户再次输密码）

客户：啊呀，我按错了键。

李莉：没关系，请按一下删除键，重新再来一次就可以了。（办完业务后起立）好了，您的利息是 33 元 9 角，本息一共是一万零三十三元九角，这是利息清单，请您清点核对一下。

客户：（复点）对的，谢谢！

李莉：不客气，欢迎您下次再来！

请各组运用正确的语音、语气、语调、语速模拟情境对话进行训练时间 15 分钟，然后教师对每组随机抽取一位同学在全班展示，并评定成绩，该成绩将成为全组知识技能的成绩。

◀◁ 效果评价

根据训练结果，完成以下课题评价表（见表 5-3）。

表 5-3　沟通课题评价表

合计得分_____

考 核 项 目	考 核 标 准	得　　分
职业素养（20 分）	1. 按时出勤，课堂表现好（10 分）	
	2. 仪容仪表标准规范（10 分）	
关键能力（60 分）	1. 认真完成测试题（10 分）	
	2. 正确分析案例（10 分）	
	3. 认真进行情境训练（10 分）	
	4. 在案例分析和情境训练中能与他人配合开展训练（5 分）	
	5. 遇到问题能主动寻求帮助　　（5 分）	
	6. 能够解决活动中遇到的问题（10 分）	
	7. 展现良好的团队合作精神（5 分）	
	8. 展现一定的组织协调能力（5 分）	
知识技能（20 分）	1. 能够复述沟通的基本类型（10 分）	
	2. 能够运用正确的语音、语气、语调、语速模拟情境对话（10 分）	
心得体会		

◀◁ 巩固练习

1. 为什么沟通很重要？
2. 沟通的定义是什么？
3. 非语言沟通有哪些内容？如何运用？

◀◁ 拓展训练

案例分析：

财务部陈经理每月总会按照惯例与本部门的员工聚餐一次。一天，他走到休息室准备叫员工小马通知其他人晚上一起吃饭。快到休息室时，陈经理听到休息室里面有人在交谈，他从门缝看过去，原来是小马和销售部员工小李在里面。

小李对小马说："你们陈经理对你们很关心，我见他经常请你们吃饭。"

"得了吧。"小马不屑地说，"他就这么点本事笼络人心，遇到我们真正需要他关心、帮助的事情，他没一件办成的。你拿上次公司办培训班的事来说，谁都知道如果能上这个培训班，工作能力会得到很大提高，升职机会也大大增加。我们部门很多人都很想去，但陈经理却一点都没察觉到，也没积极为我们争取，结果让别的部门抢走了。我真的怀疑他有没有真正关心过我们。"

"别不高兴。"小李说，"走，吃饭去。"

陈经理只好满腹委屈地返回了自己的办公室。

根据上述案例，请指出：

1. 案例中上司和下属的错误主要有哪些？
2. 设想上司和下属应该如何沟通才能避免再次发生这样的情况？

课题二　掌握沟通中的常规应对技巧

◀◁ 课题描述

沟通的类型有很多，一般认为面对面沟通是最好的沟通方式。有效沟通的本质是换位思考。为了达到有效沟通，必须掌握一些常规应对技巧。

◀◁ 学习目标

1. 能够复述沟通常规应对技巧的三个方面。
2. 掌握沟通常规应对技巧。
3. 参与沟通技巧的团队训练。

◁ 实训准备

一、实训人员组织

全班按每组 4～6 人分组（最好双数分组），各组组长对组员进行分工，并两两进行训练。

二、实训时间安排

本实训安排为 2 课时，每个学生沟通技巧训练时间不少于 20 分钟。

◁ 知识准备

一、有效沟通中的本质

在日常工作过程中，前台与后台之间、员工与员工之间和员工与客户之间难免会发生一些冲突与矛盾。其实，有了矛盾和问题并不可怕，这些都可以在相互沟通中得到解决。但在实际工作中，有的人往往会曲解沟通的本义，经常把沟通作为陈述客观原因或推卸责任的理由，而不会通过站在对方的角度，用换位思考的方式来进行相互沟通。比如前台与客户发生矛盾；有的管理者和员工在沟通时，往往会不自觉地以自我为中心，过度强调客观原因。

要做到换位思考，必须常问自己如下问题：

（1）客户需要什么？

（2）我能给客户什么？

（3）如何把它们进行有机结合？

沟通是解决问题的基础，而"换位思考"才能真正达到沟通的目的。用客户的感受来反思自己服务的不足，真心实意地了解客户的需求，把客户意见和需求当做一种宝贵的资源充分加以利用，查找自身工作中的薄弱环节，在完善制度、流程、提高服务技能上下功夫，这才是与客户沟通解决矛盾和问题的根本之道。

二、有效沟通的常规应对技巧

（一）积极倾听

1. 良好的倾听习惯

良好的倾听习惯表现在把注意力放在讲话者身上，通过概括用语言表示在听，通过身体语言表示在听（如视线接触、点头、身体的姿态、声音），有一个"我想理解"的开放的态度，鼓励讲话者（告诉我更多），表达兴趣，站在对方的立场上感受等，如图 5-3 所示。

图 5-3　积极倾听

2. 倾听的技巧

倾听的技巧主要有使用目光接触，展现赞许性的点头和恰当的面部表情，发出倾听的声音，身体向前倾，用自己的话重述对方所说的内容，必要时做下记录等。

3. 倾听的误区

倾听的误区是别人说话时你在想你自己的事，边听边与自己的不同观点相比较，经常打断别人的谈话，忽略过程只要结果，仅听自己想听或愿听的东西，精力不集中易被其他东西干扰等。

按照表5-4的标准，给每个句子打分：从不（1分），有时（2分），通常如此（3分），总是如此（4分）。

表5-4　倾听能力测试表

问　题	得分／分
在听人说话的时候我能完全控制自己的身体，不摇晃身体，不摆腿，或者表现出不安	
我能够做到礼貌地直视对方	
我关心的是讲话者在说什么，而不是担心我如何看待这个问题或者自己的感受如何	
欣赏时我很容易露出笑容和显示出活泼的表情	
我以点头鼓励讲话者	
总　分	

根据最后得到的分数，测试一下你的倾听能力：

得分大于15分，你的倾听能力非常好。

得分10～13分，你处于合格范围，应该进行提升和改进。

得分低于10分，那么请认真学习倾听技巧吧。

（二）有效提问

1. 提问的作用

提问是为了确认你理解他人信息的准确程度和确认他人理解你的信息的准确程度，了解他人的观点，激发深层次的讨论，鼓励新的思考方式，如图5-4所示。

2. 问题的类型及其用途

图5-4　有效提问

问题主要有开放式和封闭式两种类型，两者在提问过程中发挥着各自的用途。

（1）开放式问题：没有固定的答案，对方可以尽情地去阐述、描述自己的观点。开放式问题可以体察情感；把话题深化下去；激发对方对某观点做更全面的回答，以挖掘深层原因，核实准确性等。

（2）封闭式问题：对方只能用"是"或"不是"来回答的问题。封闭式问题可以使紧张或腼腆的人放松，找出事实，澄清细节，把谈话引向某个目标等。

例如你正在订一张去上海的机票：

开放式问题——"我想问一下，去上海都有哪些航班？各航班的时间是几点？"

　　　　　　　服务人员就会告诉你非常多的信息。

封闭式问题——"有 4 点去上海的航班吗？"回答可能是没有。

你又问："有 5 点的吗？"回答很有可能是没有。

"6 点的有吗？"回答依旧可能是没有。

你可能会问："那到底有几点的呢？"

接下来服务人员会告诉你："有 4 点 10 分、4 点 40 分、5 点 15 分、5 点 45 分的航班。"

所以在沟通过程中，要注意区分两种问题的不同特点，正确提问有利于有效沟通。

3. 提问的技巧

提问时需要注意不进行诱导性问题，不进行多重提问，不进行批评性提问，提问的方式从一般到具体，问题不要太复杂。

（三）及时反馈

反馈是沟通双方期望得到一种信息的回流，给对方一个建议，目的是帮助对方把工作做得更好，如图 5-5 所示。

图 5-5　沟通中的反馈

1. 反馈的作用

反馈可以帮助你清楚地描述一个人的言行如何影响他人，可以用公开的、直接的、非威胁性的方式提出各方的关注点，可以帮助你处理一些可能产生人际问题的情感、情绪和行为，可以引起行为变化或强化希望的行为。

2. 反馈的技巧

反馈是要描述性语言而不是批判性语言，其内容是具体的而不是概括性的。反馈应该及时，并对双方都有帮助。反馈要针对对方可以控制并改变的言行。

◀◁ 技能训练

一、案例分析

1. 据报道：一用户家里购置的某知名品牌彩电发生爆炸，各厂家反应如下：

（1）H 彩电企业表示对这个事件的"密切关注"。

（2）M 厂家表示会以最快的速度组织专家对爆炸事件进行调查，如果是厂家的责任，厂家将负责赔偿全部损失。

（3）B 厂家派专人免费送一台 25 寸新彩电到该用户家中。

你觉得哪个厂家的反应是最合适的？为什么？

2. 大明公司的业务代表周黎明向某商店老板推销收银机，在以下这两种沟通方式中，你觉得应采用哪种方式？请说明原因。

方式一：

业务代表：你好，我是大明公司的业务代表周黎明。在百忙中打扰你，想要向你请教有关贵商店目前使用收银机的情况。

商店老板：你认为我店里的收银机有什么毛病吗？

业务代表：并不是有什么毛病，我想知道是否已经到了需要更新的时候。

商店老板：对不起，我们暂时不考虑换新的。

业务代表：不会吧！对面李老板已更换了新的收银机。

商店老板：我们目前没有这方面的预算，将来再说吧！

方式二：

业务代表：刘老板在吗？我是大明公司业务代表周黎明，经常经过贵店。看到贵店生意一直那么好，实在不简单。

商店老板：你过奖了，生意并不是那么好。

业务代表：贵店对客户的态度非常亲切，刘老板对贵店员工的培训一定非常用心。对街的张老板就对你的经营管理相当钦佩。

商店老板：张老板是这样说的吗？张老板经营的店也是非常得好，事实上，他也是我的学习目标。

业务代表：不瞒您说，张老板昨天换了一台新功能的收银机，非常高兴，才提及刘老板的事情，因此今天我才冒昧地打扰你！

商店老板：哦？他换了一台新的收银机？

业务代表：是的。刘老板是否也考虑更换新的收银机呢？你目前用的收银机虽然不错，但是新的收银机有更多的功能，速度也较快，让你的客户不用排队等太久，因而会更喜欢光临你的店。请刘老板一定要考虑这台新的收银机。

请各组分组讨论，回答案例中的问题。

3．要想使别人与你合作，应该如何沟通呢？请完成空缺的内容。

（1）用_____的语气以减少对方的怒气。

（2）用_____以建立信任。

（3）用_____以减少摩擦。

（4）用_____以婉转的方式说"不"。

（5）尽早打电话通知对方以避免_____。

（6）明确_____以表示你确实关心对方。

二、模拟情境训练

银行临柜柜员叶敏为客户刘先生办理存款业务时，发现了一张假钞。

叶敏：（欠身起立）您好，请问您需要办理什么业务？

客户：存钱。

叶敏：好的，请问要存多少？

客户：3 000 元。

叶敏：好的（双手接过），请稍等。（点钞，发现有问题，在点钞机上重点，点钞机发出警报声）先生，真对不起，您这里有一张是假币（出示假币，并当着客户刘先生的面在假钞上加盖专用章）。

客户：（嗓门提高）不可能，绝对不可能，这是我单位刚刚发的季度奖，怎么会有假钞呢？

叶敏：真对不起，您请看一下，这张纸币的纸张比较薄，而且没有凹凸感，水印也比较模糊，如果您真的不信，我可以用仪器再帮您测试一下。

客户：真不可思议。

叶敏：（仪器警报声响）请听一下，这张确实是假钞。

客户：真倒霉，气死我了，那你还给我。

叶敏：对不起，根据中国人民银行的规定，发现假钞是一定要没收的，希望您能够理解和支持我们的工作。我给您开一张没收假钞的收据。

客户：那也没办法。

叶敏：请问，接下来您是存2 900元，还是3 000元呢？

客户：存3 000元吧。

叶敏：请您再给我100元。（双手接过钱，坐下办好业务后，起立）好了，您的钱存好了，请您核对一下，这张是没收假钞的收据，请拿好。再见。

请各组运用正确的方式进行模拟情境对话，并运用本课题所学的有效沟通技巧，在现有的对话基础上进行补充细化。

◁ 效果评价

根据训练成果，完成以下课题评价表（见表5-5）。

表5-5　有效沟通中的常规应对技巧课题评价表

合计得分_____

考核项目	考核标准	得分/分
职业素养（20分）	1. 按时出勤，课堂表现好（10分）	
	2. 仪容仪表标准规范（10分）	
关键能力（60分）	1. 认真完成分组练习（10分）	
	2. 认真进行情境训练（10分）	
	3. 在情境训练中能与他人配合开展训练（10分）	
	4. 遇到问题能主动寻求帮助（10分）	
	5. 能够解决活动中遇到的问题（10分）	
	6. 展现良好的团队合作精神（5分）	
	7. 展现一定的组织协调能力（5分）	
知识技能（20分）	1. 能够复述有效沟通常规应对技巧（10分）	
	2. 能够运用正确的方式进行模拟情境对话（10分）	
心得体会		

◀◁ 巩固练习

1. 复述有效沟通的常规应对技巧的三个方面。
2. 两人一组，运用积极倾听的方式，向对方讲述自己感兴趣的一件事情。

◀◁ 拓展训练

一天，某客户到银行柜面存款，临柜柜员微笑着起身相迎，双手接过钱款和单据，由于存款的金额较大，柜面人员就非常热情地花了许多时间向这位客户介绍银行的各种理财产品，游说客户购买。最后，该客户不冷不热地予以了回绝，没有购买任何一款产品，反而对其留下了不好的服务印象。

如果你是银行柜面工作人员，你该如何与客户沟通呢？以银行的某一种理财产品为例，设计情境对话。

◀◁ 模块小结

本模块介绍了金融客户的主要沟通技巧，主要内容包括沟通的定义，并根据信息载体的不同将沟通分为语言沟通和非语言沟通两种类型。语言的沟通包括口头语言、书面语言、图片或图形。非语言沟通的内涵十分丰富，包括副语言沟通、身体语言沟通和物体的操纵信息沟通等多种形式。

在沟通中要善于进行换位思考。有效沟通的常规应对技巧包括积极倾听、有效提问和及时反馈。通过分组合作探讨和模拟情境练习，使学生在熟练掌握良好沟通方式的基础上，提高沟通能力。

模块六　金融客户电话沟通技巧

课题一　拨打电话的礼仪

◀◁ 课题描述

　　电话已成为金融工作中重要的办公工具，如果不懂得电话礼仪的规范和要求，就会影响工作课题的完成，甚至会损害企业的形象。因此，作为金融企业员工，必须高度重视电话礼仪，运用正确的礼仪进行沟通与服务。

◀◁ 学习目标

　　在日常的电话沟通中，如果没有重视相关礼仪，难免会出现得罪了人却还不知道为什么的情况。为了帮助大家正确地拨打电话，达到沟通目的，进行本课题学习，希望达到如下目标：

1．掌握拨打电话的礼仪。

2．掌握代接电话的处理方法和拨打电话的操作礼仪。

3．参与拨打电话沟通的团队训练。

◀◁ 实训准备

一、实训人员组织

全班按每组 4～6 人分组（最好双数分组）。各组组长对组员进行分工，并两两进行训练。

二、实训时间安排

本实训安排为 2 课时，每个学生拨打电话礼仪训练时间不少于 20 分钟。

◀◁ 知识准备

一、电话沟通技巧的重要性

人们每天都会打电话确认订单，安排会议，解答问题或讨论各种商务事宜。因此，对企业全体员工而言，掌握良好的电话沟通技巧十分重要。

二、拨打电话的礼仪

在日常工作中拨打电话给别人的人称为发话人。对于发话人，有以下基本礼仪必须遵守，如图 6-1 所示。

1．选择恰当的时间

一般选取沟通对象方便的时间，在选择时有以下几点需要注意。

（1）不要在他人的休息时间或较忙的时间打电话。每日上午 7 点以前、用餐时间、午休时间和晚上 10 点以后，如果没有紧急事情最好不要拨打电话。

（2）注意各个国家和地区的时差。如遇紧急情况需要在不恰当的时间打电话，应在通话开始时首先向对方道歉。

图 6-1　拨打电话的礼仪

（3）拨打公务电话时，不要占用他人的私人时间，尤其是节假日的时间；拨打社交电话，则应选择在工作之余。

2. 规范电话内容

在拨打电话前应该做好充分的准备，以提高通话的效率，有以下几点需要注意。

（1）准备好通话要点清单。清单的内容主要包括对方姓名、职务、事件要点等，避免说错话，内容缺乏条理以及遗漏重要问题。

（2）通话内容要简明扼要。电话接通后，应先问候对方，接着自报单位、职务、姓名；寒暄后，将要讲的事情用最简洁明了的语言表达出来。忌讳说话吞吞吐吐，含糊不清，摒弃空话、废话，通话时间太长。

> **温馨提示：**
>
> 商务电话的拨打者代表了公司的形象。客户和经销商等外部人士正是在与您通话的短短几秒之内形成了对您所在公司的第一印象。——杰佛里·吉托莫

3. 注意通话时的举止

在通电话时因为沟通双方互不见面，会出现不恰当的举止，引起对方疑虑和反感。很多人认为电话只能传达声音，只要别再电话里吵架就行了，因为对方不可能从电话中看见我们在做什么。但是通话者往往能从电话里判断出，电话线那头是个什么样的人，甚至是觉察到对方的不同的表情、不同的姿态，因此拨打电话时要注意以下行为：

（1）不要边打电话边找资料。

（2）不要边打电话边吃东西。

（3）不要高嗓门讲话，免得对方觉得"震耳欲聋"。

（4）不要将电话拿得太近，与嘴部保持3厘米左右的距离。

（5）不要用力摔电话，要轻放，避免对方产生疑虑。

（6）如果有抱怨或者不满的话语和情绪，一定要在电话确信已经挂断之后再表达，以免引起不必要的麻烦与误会。

◀◁ 技能训练

一、对学生进行分组测试，检验其对电话礼仪的掌握情况。（认同的打"√"不认同的打"×"）

1. 打电话要注意对象，在中小城市里，服务人员打电话当然使用方言。 （   ）

2. 为了能成功约到客户，可以晚上往他家里打电话，那时他有空接电话。 （   ）

3. 打电话声音一定要大而洪亮，这样客户就不至于听不清楚，显得我有朝气。 （   ）

4. 初次和客户电话交谈时可以聊聊客户的个人情况，这样可以拉近双方的距离。

（   ）

5. 今天工作太累，为了恢复体力不妨靠在椅子上打电话。 （   ）

二、案例分析

1．求职电话

张洪瑞下午 5 点多在报摊上买了一份招聘类报纸，查阅到了一个心仪职位。为了在第一时间与招聘方取得联系，就立刻拨通了对方电话："喂，请问是嘉宝公司吗？我看了报纸，想来应聘……"还没等他说完，对方就表示人力资源部负责人正在开会，且下班时间快到，没空细聊，但还是记下了他的手机号码，表示第二天会联系他。

2．电话里的女高音

广震公司正在招标，新地缘公司是投标单位之一。一天，广震公司的刘经理拨通了新地缘公司的电话，可是电话响了足足八下，还不见有人接听。刘经理正准备挂断电话，突然电话那端传来一个不耐烦的女高音："什么事啊？"

刘经理一愣，以为自己拨错了电话："请问是新地缘公司吗？"

"废话，你不知道自己往哪儿打的电话啊？"

"哦，您好，我是广震公司的刘经理，请问你们王经理在吗？"

"你是谁啊？"对方没好气地盘问。

刘文光心里一边犯嘀咕一边客气地说："我叫刘文光，广震公司工程部的经理。"

"刘文光？你跟我们经理什么关系？"

"关系？"刘文光更是丈二和尚摸不着头脑，"我和王经理没有私人关系，我只想询问一下招标的事情。"

"招标？王经理不在，你改天再来电话吧。"

没等刘文光再说什么，对方就"啪"地挂断了电话。

请各组分组讨论，分析以上两个案例中哪些不符合电话礼仪的要求，并应当如何改进。

三、情境训练与展示

唐晓是民生银行的客户服务人员，工作中她发现宋萍女士的信用卡透支的 300 元已经逾期一个月仍未还款，便打电话进行提醒。

唐　晓：您好！这是中国民生银行，请问您是宋萍女士吗？

宋女士：是的。

唐　晓：宋女士您好，我是民生银行客户服务部的唐晓，我想通知您，您的信用卡账户在 2012 年的 7 月消费 300 元，已逾期一月未还。

宋女士：真的吗？这段时间太忙，忘记了。

唐　晓：我们之前发过短信提醒您，不知您是否收到？

宋女士：前一段时间我的手机出了故障，可能漏掉了。出现这种情况要收罚款吧？

唐　晓：是的。根据规定，我们要收每笔金额 2% 且不低于 20 元的滞纳金和从消费之日起每日 0.5‰ 的利息，重要的是对您的信用可能会产生影响。

宋女士：那我马上把钱还上。

唐　晓：我们核实过您之前的信用记录很好，希望您这次抓紧时间把欠款还清。根据规定我们将从您的账户中扣除。

宋女士：好的，我知道了，谢谢。

唐　晓：不客气。很抱歉打扰您了，再见。

情境训练要求：

（1）请运用正确的语音、语气、语调、语速模拟情境对话进行训练时间 15 分钟，然后教师对每组随机抽取一位同学现在全班展示，并评定成绩。该成绩将成为该组知识技能的成绩。

（2）请各组总结拨打电话的基本要求，并考虑案例中的对话是否为最佳方案，是否有需要改进的地方。

◄◁ 效果评价

根据训练成果，完成以下课题评价表（见表 6-1）。

表 6-1　拨打电话礼仪课题评价表

合计得分_____

考 核 项 目	考 核 标 准	得分 / 分
职业素养（20 分）	1. 按时出勤，课堂表现好（10 分）	
	2. 仪容仪表标准规范（10 分）	
关键能力（60 分）	1. 认真完成测试题（10 分）	
	2. 正确分析案例（10 分）	
	3. 认真进行情境训练（10 分）	
	4. 在案例分析和情境训练中能与他人配合开展训练（5 分）	
	5. 遇到问题能主动寻求帮助（5 分）	
	6. 能够解决活动中遇到的问题（10 分）	
	7. 展现良好的团队合作精神（5 分）	
	8. 展现一定的组织协调能力（5 分）	
知识技能（20 分）	1. 能够复述拨打电话的礼仪（5 分）	
	2. 能够运用正确的语音、语气、语调、语速模拟情境对话（5 分）	
	3. 能够对案例提出建议或改进的方案（10 分）	
心得体会		

◄◁ 巩固练习

1. 为什么电话沟通技巧很重要？

2. 电话沟通技巧对公司的形象有何影响？

3. 拨打电话的礼仪需要注意哪三个方面？具体表现为哪些内容？

◄◁ 拓展训练

收集一篇关于拨打电话的小故事，并对故事进行分析。

课题二　接听电话的礼仪

◀◁ 课题描述

在一个公司的办公室里，当电话铃声响起第二下时，你必须马上接听电话。如果一时无法接听，当铃声响起四下以上，你拿起电话时说的第一句话应当是："对不起，让您久等了。"作为一个金融系统工作人员，随着沟通的日益频繁，熟练掌握接听电话的礼仪，是你适应现代工作环境的重要一步。

◀◁ 学习目标

目前，很多企业的工作人员接到电话的第一句话是："喂，你是谁？"不正规的接听方式在传递这些企业的负面形象。通过本课题的学习，希望达到如下目标：

1. 掌握接听电话的礼仪。
2. 掌握接听电话的操作礼仪。
3. 参与接听电话沟通的团队训练。

◀◁ 实训准备

一、实训人员组织

全班按每组 4～6 人分组（最好双数分组），各组组长对组员进行分工，并两两进行训练。

二、实训时间安排

本实训安排为 2 课时，每个学生接听电话礼仪训练时间不少于 20 分钟。

◀◁ 知识准备

一、接听电话的礼仪

1. 接听电话的时机技巧

（1）电话铃声响起两到三次拿起话筒最好。

（2）不要铃声响起一次就拿起听筒。这样不仅容易掉线，也会令对方觉得突然。

（3）电话铃声响起很久才接电话时，应在通话接通时首先向对方表示歉意。

（4）一般情况下不要使用免提功能。

2. 通话时的礼貌应答

（1）拿起电话首先要向对方问好，然后自报家门。

（2）接听电话要仔细聆听，给对方积极反馈。

（3）通话时要注意声音和表情，语气要恭谦，不发怒，不出口伤人。

（4）通话终止时，要向对方道一声"再见"。

（5）电话因故中断后，要耐心等待对方再次拨打进来。有必要时，可以回拨给对方。

（6）接到误拨电话，要耐心地告诉对方拨错了，不要冷冷地说"打错了"，就把电话用力挂上。

> 温馨提示：
>
> 不要将个人情绪带到工作中，不要由于个人的声音、态度等原因影响客户的心情。

3. 接听电话要分清主次

（1）在会议期间或会晤重要客人时，接听到电话，可向来电方说明原因，表示歉意，并承诺稍后再联系。

（2）接听电话过程中，又有电话来时，不要不理睬新打进的电话。可对正在通话的一方简要说明原因，稍等片刻再去接听新打进来的电话。待接通后，先请对方稍后或过一会再打进来，随后继续接听先前打进的电话。

二、代接的电话的处理

电话现已成为沟通联络的主要工具，不论是工作或私人的电话，在办公室内，每个人都有代接电话的经历。因此，代接电话的礼貌也不能被忽视，应该遵守的原则是："以礼相待、尊重隐私、记忆准确、及时传达。"

（1）当来电需要找的人不在座位时，可以这样回答："对不起！王先生正好离开座位，一会儿就回来。请问有什么事情，我可以替您转达或代劳吗？""您方便留个电话，我请他回电话给您，好吗？"

（2）当来电需要找的人正在接电话时，可以这样回答："对不起！王先生正在接听电话，您方便留个电话吗？待会儿再请他回电话给您。"

（3）当来电者委托代传信息时，可以这样处理：重述代传内容，并说："我会转述给××先生，请您放心。"同时一定要一丝不苟地做好记录工作。记录时遵循"5W"原则，即 Who（何人）、What（何事）、Why（何因）、When（何时）、Where（何地）。

（4）当来电需要找的人不在公司时，可以这样回答："对不起！王先生有公务已外出，不知道什么时候回来，请问有什么事情我可以转告他，或者等他回来再给您回电话？"

（5）当来电需要找的人正在忙或不愿受打扰时，可以这样回答："对不起！王先生正在开会，不方便接听电话，请您留下联系电话，待会儿他回电话给您。"一般来说，让来电方知道其不愿意接电话是不合礼仪的，经委婉处理，就避免引发对方的怒气和不满。

◁ 技能训练

一、分组讨论

1. 假设你正在电话里为一个客户解答问题时，另一部电话突然响起。你将如何应对？

_____

_____

2. 如果你接到一个电话是找你的同事，而他恰巧不在。你的应对策略是什么？

_____

_____

二、结果展示并由全班评价分析

三、教师点评

四、情境训练

在这段对话中，陶虹是一家保险公司的前台。今天她接到几位客户的电话。

情境一：

陶虹：早上好。太平洋保险，请问您有什么事吗？

客户李先生：我是李国志，请袁成华听电话。

陶虹：请稍等。我给您转过去。

客户李先生：谢谢。

情境二：

陶虹：早上好。太平洋保险，我是陶虹，请问您找那位？

客户孙先生：我是孙威麟，请你们的客户服务部经理接电话，好吗？

陶虹：对不起，他在开会。要留个口信吗？

客户孙先生：他什么时间方便？

陶虹：这个我不太清楚。先生，您需要留个口信吗？

客户孙先生：不用了。我会再打过来的。

情境三：

陶虹：早上好，梅林女士的办公室，我是陶虹，我能为您做什么吗？

客户魏女士：我是魏华，我要约见梅林女士，她知道我是谁。

陶虹：请稍等，我查一下她的日程……明天 10:00 可以会见梅林女士，您方便吗？

客户魏女士：很好。非常感谢。

请分组练习上面对话，并分析陶虹对哪位顾客的电话沟通最为恰当。

◁ 效果评价

根据训练成果，完成以下课题评价表（见表 6-2）。

表 6-2　接听电话礼仪课题评价表

合计得分＿＿＿＿＿

考 核 项 目	考 核 标 准	得分／分
职业素养（20分）	1. 按时出勤，课堂表现好（10分）	
	2. 仪容仪表标准规范（10分）	
关键能力（60分）	1. 认真完成讨论题（10分）	
	2. 认真进行情境训练（10分）	
	3. 在情境训练中能与他人配合开展训练（10分）	
	4. 遇到问题能主动寻求帮助（10分）	
	5. 能够解决活动中遇到的问题（10分）	
	6. 展现良好的团队合作精神（5分）	
	7. 展现一定的组织协调能力（5分）	
知识技能（20分）	1. 能够复述接听电话的礼仪（5分）	
	2. 复述代接电话的要点（5分）	
	3. 能够运用正确的礼仪模拟情境对话（10分）	
心得体会		

◀◁ 巩固练习

情境对话设计与训练：

胡楠先生丢失了招商银行的信用卡，通过电话向银行咨询挂失。客服人员为他解答问题并办理了相关手续。请按情境设计对话，并进行现场模拟训练。

◀◁ 拓展训练

收集并整理通话中经常使用的那些不当或容易引起误会的言词以及工作中的忌语。

课题三　电话沟通中的常规应对技巧

◀◁ 课题描述

在日常工作交往中，除了要懂得拨打和接听电话时的礼仪之外，还有一些常用应对技巧可以帮助我们避免误会，消除分歧。

◄◁ 学习目标

通过本课题学习，希望达到如下目标：

1. 掌握电话沟通常规应对技巧的六个方面。
2. 参与电话沟通技巧的团队训练。

◄◁ 实训准备

一、实训人员组织

全班按每组 4 ～ 6 人分组（最好双数分组）。各组组长对组员进行分工，并两两进行训练。

二、实训时间安排

本实训安排为 2 课时，每个学生进行接听电话礼仪训练时间不少于 20 分钟。

◄◁ 知识准备

一、电话沟通中的常规应对技巧

1. 使用恰当的称谓

请用适当的称谓来称呼与你通话的人。如果不确定，可在其名字后面加上"先生"或"女士"这样更正式的称呼。可能这样称呼会让人听起来感觉有些拘束，但这比起错误称呼或直呼其名让人感觉要好得多。正式称呼比太过随意的称呼好，在工作中还可以显示出你工作的专业性和严谨性。

2. 对致电者表示尊重和感谢

"您好"、"谢谢"是生活中一些常用的礼貌用语，它们表达了"尊重、友好、感激"的情感，有力地拉近了沟通者之间的距离。在接通电话那一刻用"您好"表达尊重，通话结束时用"谢谢"表达感激之意，能极大地提升客户的满意度。例如有些企业的自动电话录音问候语设置为"尊敬的客户您好，感谢您致电××公司"，结束语为"感谢您的来电，再见"，向客户表明自己的热忱服务和对客户的尊重与感激之情。

3. 通话过程保持微笑

微笑有着强大的穿透力，甚至能透过电波让通话对方感受到。通话过程中要保持微笑，想象着对方是你的朋友，这种情绪和表情会通过你的声调感染对方，要让对方感觉到你是和蔼可亲、关心体贴的，而且对他也是有帮助的，如图 6-2 所示。

图 6-2   通话过程保持微笑

4. 注意挂断电话的技巧

如果你是主动拨打电话的一方，那就可以由你来结束这次谈话。你可以使用"感谢您的帮助"、"谢谢您的建议"等结束语，之后再挂断电话。

如果你是接听电话者，一定要让致电者把话说完，在通话快结束时可以采取询问语气"您还需要什么帮助"等，之后再挂断电话。切记不要没等对方开口或没有结束就挂断电话。

5. 处理投诉或抱怨来电的技巧

（1）应当了解来电者投诉或抱怨的原因。从人的心理揣摩，导致生气的原因是：经历不被重视、无助、不公平待遇。

（2）在交流中保持冷静，用语言缓和来电者的心绪，多采用陈述句或问句，例如"请您把情况说给我听一下"。请来电者解释不满的原因，不要发表认为对方不应该如此生气之类的意见，而要让他们知道你对他们的处境感同身受。

在表达这种意思的时候要注意用语，可以说"我能理解你的心情"，而不要说"我完全明白你的意思"。因为你实际上可能不明白对方生气的原因。你只要能表达出你对对方的感受是在意的、有想法的就可以了。

在听完对方陈述后你可以问一句："您认为如何解决比较好呢？"引导对方将谈话从感情宣泄转移到解决问题上。争取让对方自己寻找一个合理的解决方案。当对方提出想法时，你可以和他商量，最后达成和解，对方也就不生气了。

（3）分清类型，理智应对：

1）喋喋不休型：脱离主题，谈论一些不相关的事情。与其纠缠不清只会浪费时间。可以通过以下三个步骤控制通话过程，避免浪费时间：

① 进行封闭式的提问：通常需要对方说出"是"或"不是"的回答，这样可以避免来电者脱离主题。

②简明扼要地回答：可以减少无关的讨论，并使谈话直接针对主题。

③加快答复速度：有助于缩短双方的谈话时间，从而减少对方打断谈话的机会。

2）犹豫不决型：有时候来电者可能不清楚自己想找哪个部门、哪个人，或不确定自己需要哪一方面的信息，或不知道如何寻找某项服务。在这种情况下，你应该帮助他们弄清其真实需求。这不仅是一种礼貌的行为，还能尽快地解决问题，化解抱怨或不满。为此，可以采取以下四个步骤：

①倾听来电者的话语，有助于确定他们的需求。

②提问题，以准确了解他们的需求。

③提供选择方案，但方案不能多过2、3种，否则无从选择。

④推荐最佳方案。

3）语速较快型：可以打断其谈话，告诉对方你不太理解对方想要表达的意思。这时，你不应用责备的语气，而应让对方知道您这样做是为了满足需求而希望其放慢语速。例如，不应说："王先生，请说慢一点，我听不懂您的意思！"相反应该用能够表明你愿意帮助对方的言辞，如"对不起，王先生，我听不太懂您的意思，您能稍微说慢一点吗？这样我就可以知道您需要哪方面的信息了。"这一方法也可以用在音量较低、吐字不清的来电者。你应该有礼貌的表明，希望其提高音量，吐字清晰，以便更好地了解其需求，不要让对方觉得你是在使用责备的语气。这一点很重要。

4）应对出言不逊的来电者，应采取以下策略：

①对来电者的心情表示理解。

②尽力要求对方与你合作，共同解决问题。

③告诉对方如果继续使用不文明用语将回避与之对话。

④如果对方继续使用不文明用语，你可以让他持机等候，然后将电话转给相关主管；如果主管不在，则应该挂断电话，并做出书面记录，以便事后向主管汇报。

6. 让对方"看见"你

你是否有这样的经历，当致电对方，刚向对方报出自己的名字，对方却生硬地反问一句："你是谁呀？"可能会给你的心情带来一丝的不愉快。通话过程中哪些话常在说却不该说？应该怎么说？不妨通过表 6-3 进行对比和思考一下。

表 6-3　电话中不该说和应该说的话

不　该　说	应　该　说
你是谁？	请问您是哪一位？
你叫什么名字？	请问您的尊姓大名？（非常抱歉，我没有记下您的名字？）
你有什么事情？	我有什么可以帮您的吗？
我不知道这件事，上次不是我接的电话。	很抱歉，之前可能是王先生帮您办过这件事。
请大声说。	很抱歉，我听不清您在说什么，您能大点声吗？
小张出去吃饭了。	小张现在不在，大概下午回来，我请他给您回电话可以吗？
抱歉，这件事我没办法帮你。	这件事我能请工程部的人给您回电话吗？
这件事归财务部管。	这件事可以通过财务部解决，我能请财务部的人给您回电话吗？
你的要求我无能为力。	您的情况我会记录下来，两天后回复您。

在通话过程中，我们始终应该是以积极的态度来应对，不说消极的话，这样才能显示出接待者及其所在企业、部门的专业性，让对方感受诚恳、优质的服务，体会到企业的诚意和决心。

二、提高电话沟通工作效率的建议

1. 建立有效的电话办公区域

可以在办公桌或办公室规划出一块专门的区域，集中处理电话事宜。以下三个方面的安排将有助于建立一个有效的电话办公区域。

（1）保持干净整洁。保持电话办公区域的干净整洁，准备好文件、纸张、笔和计算器等用品，并将电话号码簿放在触手可及的地方。在无需电话办公时，请不要使用这一区域。

（2）安置旋转椅。旋转椅可以方便迅速地从一个区域移动到另一个办公区域。在移动过程中可以帮助职员调整一下思绪，做好接听电话的准备。

2. 提升专业形象

在电话沟通中，展现果断、自信、镇静、准确的素养将有助于提升你的专业形象。

（1）果断：做事果断的人性格坚定而不苛求。在沟通过程中，他们表达清晰明确，并确信自己能够得到对方的尊重。

（2）自信：能让对方确信你和你所提供的信息都是可靠的。

（3）镇静：无论对方态度如何，都必须保持冷静，只有保持镇静，才能理智地思考并作出适当的回应。

（4）准确：提供信息的准确度能够影响你及你的公司的信誉度。无论接收信息还是提供信息，都应尽力予以确认无误。

◁ 技能训练

一、教师集中讲解电话沟通常规应对技巧。

二、分组练习：

1. 请在表 6-4 中正确的电话用语前打"√"。

表 6-4　选择正确的电话用语

你找谁？		请问您找谁？	
请问您有什么事？		有什么事？	
你是谁？		请问您贵姓？	
抱歉，这件事我不知道。		这件事我不知道。	
我问过了，他不在。		我再帮您看一下，抱歉，他外出还没有回来，您需要留言吗？	
没这个人。		对不起，我再查一下，您还有其他提示吗？	
你等一下，我接一个电话。		抱歉，请稍等。	

2．总结一下拨打电话和接听电话的流程。

3．模拟情境训练。

假设舒丹正在接电话，请根据来电者的需求，选择恰当的对话。来电者是保险公司的销售代表（吴国豪），他发现资料快用完了，给舒丹打电话，希望她能送来一些资料。

（电话铃响起）

舒　丹：选择 1　中国人寿保险公司运营部，我是舒丹，请问我能帮您做些什么？

　　　　选择 2　我是舒丹，我能帮您做些什么？

　　　　选择 3　欢迎致电中国人寿保险公司运营部，我是舒丹，能为您效劳吗？

　　　　选择 4　喂，运营部，我能为您做些什么？

吴国豪：我是销售部的吴国豪。

舒　丹：选择 1　你有什么事？

　　　　选择 2　什么事？

　　　　选择 3　吴国豪，你好。我能为你做些什么？

　　　　选择 4　吴国豪，我能帮你什么忙？

吴国豪：我们需要一些运营部的信息资料。

（电话铃又响起，是客户李君如打来电话。）

舒　丹：选择 1　吴国豪，请你稍等一下，又有一个电话进来，我需要接听一下。

　　　　选择 2　吴国豪，又有一个电话进来，你是否介意等一下。

　　　　选择 3　吴国豪，稍等一下，我必须接听另一个电话。

　　　　选择 4　好的，你需要多少资料。

吴国豪：没关系，我等一会。

舒　丹：选择 1　运营部舒丹，请问我能帮您做些什么？

　　　　选择 2　中国人寿保险公司运营部，我是舒丹，能为您效劳吗？

　　　　选择 3　欢迎致电中国人寿保险公司运营部，您稍等一下好吗？

　　　　选择 4　欢迎致电中国人寿保险公司运营部，我是舒丹，请问我能为你做些什么？

李君如：我是李君如，有些问题需要咨询一下。

舒　丹：选择 1　您稍等一下好吗？我刚才正在接一个电话，马上就好。

　　　　选择 2　李先生，如果可以的话，我要请您稍等一分钟，我刚才正在接听一个电话。

　　　　选择 3　李先生，我正在接听一个电话。请您稍等一下好吗？或者，等一会我给您打过去？

　　　　选择 4　好的，您想咨询什么？

李君如：我等一会吧。

（继续和吴国豪通话）

舒　丹：选择 1　吴国豪，有一个重要电话进来，要么你马上告诉我你需要什么，要么我一会打过去？

　　　　选择 2　吴国豪，我让另一个电话等着，你需要多少资料？

　　　　选择 3　吴国豪，我现在有一个重要电话进来，需要马上处理。

　　　　选择 4　吴国豪，我让另一个电话等着，我们谈到哪里了？

吴国豪：我们需要 100 份。

舒　丹：选择 1　好的，我稍等一下再处理这件事，还需要我帮什么忙吗？

选择 2　吴国豪，我离开一下。过一会我打电话你。

选择 3　吴国豪，过一会我再打电话你，我必须马上处理那个电话。

吴国豪：没了，就这样吧。

◁ 效果评价

根据训练成果，完成以下课题评价表（见表6-5）。

表6-5　电话沟通中的常规应对技巧课题评价表

合计得分_____

考 核 项 目	考 核 标 准	得分/分
职业素养（20分）	1. 按时出勤，课堂表现好（10分）	
	2. 仪容仪表标准规范（10分）	
关键能力（60分）	1. 认真完成分组练习（10分）	
	2. 认真进行情境训练（10分）	
	3. 在情境训练中能与他人配合开展训练（10分）	
	4. 遇到问题能主动寻求帮助（10分）	
	5. 能够解决活动中遇到的问题（10分）	
	6. 展现良好的团队合作精神（5分）	
	7. 展现一定的组织协调能力（5分）	
知识技能（20分）	1. 能够复述电话沟通常规应对技巧的7个方面（5分）	
	2. 正确填写拨打和接听电话的流程（5分）	
	3. 能够运用正确的方式进行模拟情境对话（10分）	
心得体会		

◁ 巩固练习

1. 假设你已经很清楚客户的意图了，可是客户还在不断地重复自己的情况。此时你希望客户不要再讲了，你会怎么说？

2. 在与客户通话过程中，你让客户等了一会然后继续通话，你会怎么说？

3. 假设一位客户向你询问信用卡的功能，尽管你对他解释了好几遍，却还是不明白，你该怎么办？

◄◁ 拓展训练

提前做好准备，然后致电一家保险公司或银行客服专线提出各种咨询，体验一下他们是如何与客户进行电话沟通的。

◄◁ 模块小结

本模块介绍了拨打电话、接听电话的礼仪和电话沟通的常规应对技巧。学习中让学生进行分组合作探讨相关知识、配合进行模拟情境练习的过程十分重要。电话沟通是一项实用型技能，如果学生对知识的掌握仅停留在片面地知道、识记的要求上，而不能进行实际的操作和运用，将无法满足今后工作的需要。因此，课堂的重点应放在学生的参与和开口练习上，才能真正提高电话沟通的能力和应对技巧；在开口练习的同时还要鼓励学生开动脑筋积极思考，才能提高应变能力。

模块七 金融客户服务投诉应对技巧

模块简介

- 学习应对银行客户投诉的基本原则
- 掌握银行客户投诉的应对技巧

学习目标

- 掌握投诉处理的基本原则和步骤
- 学会应对客户投诉时的基本要求和技巧运用

课题一 应对客户投诉的原则

◁ 课题描述

有两个特殊的计算公式揭示了银行业务的特殊性："银行利润 = 每位客户长期利润 =10 位朋友口头宣传 + 避免重复做一遍的成本 – 处理投诉的费用"、"成本 = 每位客户价值 × 每年失去的客户数目 + 丢失每位客户可能会带来 10 个朋友的潜在业务"。这两个公式清楚地表明了客户和投诉的关系以及对银行利润和成本造成的影响。银行管理层应该重视客户的流失，并重视新客户的产生，将投诉管理作为一项重要工作来做。因此，金融企业客服工作人员掌握应对客户投诉的原则，是做好本职工作的前提。

◁ 学习目标

充分了解客户投诉产生的原因，明确客户投诉的目的，观察客户投诉时的需求表现，掌握应对客户投诉的原则，学习处理客户投诉。

◀◁ 实训准备

一、实训人员组织

全班按每组 4～6 人分组（最好双数分组）。各组组长对组员进行分工，并两两进行训练。

二、实训时间安排

本实训安排 2 课时。

◀◁ 知识准备

管理大师彼得·德鲁克曾说过："衡量一个企业是否兴旺发达，只要回头看看其身后的顾客队伍有多长就一清二楚了。"每一家银行都在为其身后源源不断的客户队伍在孜孜不倦地开拓市场。

现实情况是怎么样的呢？结识了新朋友，忘记了老朋友；奖励了新客户，冷落了老客户；新客户在流入，老客户在流失。这就像一个漏斗，为了保持漏斗的一定盛水量（客户量），要弥补不断流失的老客户，就要不断地注入新客户。如何堵住"漏斗"？关键在于必须转变经营模式：由以产品为中心转向以客户为中心，由推销产品转向营销产品。

银行是典型的服务行业，客户的满意和信任是银行服务的出发点和归宿。因此，客户投诉应视为银行资产而不是银行负债，高明的银行家应把客户投诉作为银行重要资源来认真对待。如果有银行认为客户不投诉是因为其服务好，那就大错特错了。因为大部分客户吃了亏可能也不会吭声，没有消息就变成了坏消息，客户已离你而去。过去客户只需要把自己的需求告诉银行，银行据此把相应产品供应给客户，满足其要求。但现在银行业已进入从业务导向型向客户导向型发展进程中，发生了很大的变化。例如，招商银行的向日葵标识寓意——"因您而变，成就梦想"，客户就是太阳，银行就是向日葵，客户怎么动，招商银行就跟着推出产品和提供服务。

消费者变得越来越成熟，对于金融、理财产品的需求比以前更加复杂化和个性化。如何优化服务，提高客户满意度，进而转换为忠诚度，最终变成银行的利益，已成为银行业面临的一大难题。这就需要及时了解客户的需求和想法，促使客户对银行产生良好的印象，所以银行工作人员应该特别重视现实生活中客户的投诉问题。

一、了解客户投诉产生的原因

1. 客户投诉产生的综合原因

投诉产生的最根本原因是客户没有得到预期的服务，即实际情况与客户期望有差距，即使银行的产品和服务已达到良好水平，但只要与客户的期望有距离，投诉就有产生的可能，如图 7-1 所示。

图 7-1　投诉

2. 客户投诉产生的具体原因

（1）在服务过程中，有的银行工作人员态度不好，怠慢客户，或者在接待客户的过程中语气不好，没有认真聆听客户的申诉，敷衍塞责等。

（2）无论是客户还是银行，出现了失误都不愿承担责任。

（3）客户的问题或需求得不到解决，也没有人向客户解释清楚。

二、了解客户投诉的目的

一般情况下，客户投诉是希望获得优质服务，银行能够及时地解决其所面临的问题；改善现有的金融产品，满足其消费需求；改善现有的服务态度和质量，得到应有的尊重和重视。

三、客户投诉的意义

客户投诉可以指出银行现有产品的缺点，促使银行制定更多更好的金融产品，加快银行的发展；指出银行现有服务的不足之处，提高银行工作人员服务质量，促使银行更好地改进服务，获得更多的客户来源。投诉可以判断出客户的忠诚度，使银行获得长期稳定的固定客户，并且投诉可提供银行继续为客户服务的机会。

四、客户投诉时的需求表现

1. 得到重视

客户希望自己受到重视和善待，希望银行工作人员能够真正关心他们的要求或能替他们解决问题。客户需要的是理解和关心，而不是不理不睬或应付了事。

2. 专注倾听

客户希望当他们申诉或抱怨时，有人愿意倾听。很多时候客户觉得没有得到公平的待遇，或只是想发泄一下不满，所以处理投诉的人员需要耐心地倾听他们的想法，针对他们的问题帮助找出解决办法或提供意见，而不是否认、推拖或找借口。

3. 专业服务

客户希望从银行工作人员处得到有关产品或服务的专业性指导，能真正解决问题，所以处理客户投诉的工作人员需要给客户明确和负责任的反应,而不是一问三不知或推拖躲闪的态度。

4. 及时解决

投诉时,客户都希望问题能得到迅速与彻底的解决,而不是拖延或保持沉默的态度。所以,他们希望得到一个明确的、可以解决问题的步骤和时间,而不是故意拖延时间,最后不了了之。

五、客户投诉处理的原则

1. 不与客户争辩原则

与客户争辩是处理银行客户投诉的一大忌讳。客户进行投诉,就表明已对银行服务心存不满,若银行接待人员还与之争辩,力求分清孰对孰错,客户会觉得自己没有受到应有的尊重,在感情上受到伤害,会更加激化矛盾。因此,无论是电话投诉,还是亲自上门投诉,银行工作人员都应该首先仔细聆听,理解、尊重客户,充分给予其发泄的机会,即便是客户的误解或者故意挑刺,也不要与其进行无谓的争辩,而是先要做到耐心倾听。

2. 想方设法平息怨气原则

大多数客户投诉属于发泄性质,希望得到同情和理解,一旦消除了怨气,心理平衡后,事情就容易解决了。此时,诚恳地向客户道歉不失为好办法。因为不管是谁的过错,很有可能是因为银行工作不够完善或者没有到位,导致了投诉的产生。热情地接待可起到很大的作用,例如递上一杯热茶、一声真诚的问候。对于不能当场解决的问题,工作人员应详细记录投诉的全部内容后复述一遍,使客户确信你已全面知晓投诉的内容,体现银行对其投诉的重视程度以及对处理投诉的真诚态度,也可有效平息抱怨。

3. 快速处理原则

(1)首问责任制原则。第一时间接受客户的投诉,即先受理后处理;尽可能减少中间环节,注重时效。

(2)坚持"三公"原则。接到客户投诉的问题,依据有关政策和规章制度,坚持实事求是、公平合理、最大程度地满足客户的正当要求。及时公开客户投诉处理办法,使客户清楚和了解投诉程序、渠道、方法及预计处理时间。

(3)遵循信息保密、资料保存完整的原则。在整个投诉处理过程中,加强对投诉客户身份和投诉资料的保密和保管,避免损害客户的合法权益。

4. 把握好尺度原则

使客户得到满意的答复是银行处理投诉的目标,但是在处理投诉的过程中,应正确把握好尺度原则。对于原则性问题要用委婉的语气明确告诉客户,而不能采用迁就客户的方法解决问题,否则,不仅会给今后的工作留下隐患,甚至违反法律法规,给银行自身带来损害。

5. 及时回访原则

投诉处理完毕后,银行可以采取电话回访、上门访问等方式与客户进行再次沟通,了解投诉处理的效果如何,同时再次对客户的理解、支持与配合表示感谢。这是银行处理客户投诉工作中比较容易被忽视的一个环节。其实,这种看似"额外"的关照并非多余,不仅使客户感到银行对其投诉的重视，从而强化了对银行的良好印象，而且还可从中发现是否存在新的问题和新的商业机会，以不断提高银行经营管理水平，从而获得长期稳定的固定客户，有利于银行今后的发展。

◁ 技能训练

一、分组抢答

1. 客户投诉产生的原因有哪些？
2. 客户投诉的目的是什么？
3. 客户的需求表现是什么？
4. 处理客户投诉的原则是什么？

二、请同学们收集一些在日常生活中自己或亲朋好友去银行办理业务时的情景，并分组展示。

◁ 效果评价

根据训练成果，完成以下课题评价表（见表 7-1）。

表 7-1　银行业务中课题实施评价表

合计得分_____

考 核 项 目	考 核 标 准	得　分
职业素养（20 分）	1. 按时出勤，课堂表现好（10 分）	
	2. 仪容仪表标准规范（10 分）	
关键能力（40 分）	1. 正确回答所提的问题（20 分）	
	2. 展现出良好的团队合作精神（20 分）	
知识技能（40 分）	1. 能够找出银行处理投诉案例 3 条以上的（30 分）	
	2. 能够对案例提出建议或改进的方案（10 分）	
心得体会		

◁ 拓展训练

观察并记录国内各家银行处理客户投诉的态度和应对措施。

课题二　应对客户投诉方法和步骤

◁ 课题描述

客户投诉会使银行及其工作人员面临巨大的压力。如果投诉处理不得当，就会影响客户与银行的关系，损坏银行的公众形象，造成负面甚至恶劣的影响。客户投诉是危机，也是机会，转化的关键在于如何解决及应对。如果视客户投诉为危机，那将会每天都要背负沉重的压力；如果把它当做机会，投诉就会变成提高银行服务水平的外部动力，激发银行提供更多更好的产品与服务，提高客户的满意度，培养客户的忠诚度。

◀◁ 学习目标

通过针对投诉客户的心理研究，了解客户投诉的原因；通过有效沟通，有针对性地处理客户投诉；掌握投诉处理的原则、技巧和有效方法，了解处理投诉的流程；通过客户投诉的管理，维持客户关系，提升客户忠诚度。

◀◁ 实训准备

一、实训人员组织

全班按每组4～6人分组（最好双数分组）。各组组长对组员进行分工，并两两进行训练。

二、实训时间安排

本实训安排为2课时。

◀◁ 知识准备

一、客户投诉处理的流程

1. 耐心聆听

银行工作人员在处理客户投诉时，虚心地表示接受，耐心倾听客户诉说，并做好记录。待客户叙述完后，复述其主要内容并征询客户意见。对于一般的投诉，能在权限内自行解决的应马上答复客户。对于当时无法解决的，要做出时间承诺。在处理过程中无论进展如何，到承诺的时限一定要给客户答复，直至问题解决。

2. 诚恳道歉

当接到客户投诉时，首先要有换位思考的意识。如果是银行方面的失误，应首先代表银行表示道歉，并站在客户的立场上为其提供多种解决方案。当问题解决后，至少还要继续征求客户对该问题的处理意见，争取下一次的合作机会。

3. 肯定鼓励

客户投诉时，往往带有强烈的情绪色彩，发泄的倾向更大。如果客户接受道歉之后，情绪可能会缓和下来，工作人员应趁机引导客户说出投诉的真实原因，鼓励客户说出心里话。

4. 妥善解决

如果是银行方面存在过错，就应及时联系有关部门和人员，寻求解决问题的办法。如果是客户方面的错误，则应该帮助客户正确认识问题产生的原因和银行的有关政策与规定。

用平和的语调与投诉的客户交谈。客户投诉的时候往往情绪不稳定，常有一些冲击力强或失实的语言，如果处理人员不加控制，就容易发生争吵，使矛盾进一步激化，不利于问题的解决。因此，工作人员应使用平和的语气与投诉的客户进行交谈。

5. 持续跟踪

留下客户的联系方式，事后可以询问客户对投诉处理的满意度；及时通知客户，银行对其曾经提出的要求已经有了妥善的解决方案。经常与客户保持联系，当有新的产品或服务时，及时通知客户。定期向投诉客户发放调查表，了解他们更多的需求。客户的合理化建议如被银行采纳，也应告知客户，并表示感谢。

6. 后续处理

将客户的问题与建议及时报上级部门，并提出改进方案与建议。对有关责任人进行处理，并从投诉处理过程中吸取教训，提出改进措施。建立投诉问题资料库，分析投诉产生的原因和现有产品或服务存在的问题，避免以后发生同类事件。

建立最佳案例（Best Practice）资料库，作为今后解决同类投诉问题的规范与标准。建立投诉客户资料档案，着重进行客户关系修复和改善，以提高客户的满意度和忠诚度。

二、客户投诉处理的基本技巧

1. 换位思考

通过换位思考，建立与客户的共鸣。在遇到客户投诉时，可以用自己的话重述客户投诉的原因，把客户的情绪说出来，获得客户的好感，暂时平息客户的愤怒情绪。

对客户的处境感同身受一下，就可以了解客户愤怒的原因，并有利于银行工作人员迅速找出解决投诉的方案。

2. 低位坐下

处理客户投诉时要适当进行情绪引导，抚慰客户情绪。接待客户投诉时应尽量请对方坐下谈话，让对方放低重心，避免和对方站着沟通。因为站着沟通往往比坐着沟通更容易产生冲突，而座位越低，则发脾气的可能性越小，所以人们常说"拍案而起"。在处理客户投诉时，若对方带有较高情绪，摆事实讲道理都没用，对方根本就听不进去的时候，应该首先让对方坐下，等对方情绪平静后再进行沟通。在沟通的过程中，工作人员应注意保持平静，不打岔，耐心地听完对方的全部叙述后再做出回答。

3. 反馈式倾听并做好记录

反馈式倾听是指在倾听对方的倾诉时要主动并且注意给予反馈。带有反馈式的倾听，会让客户产生被重视的感觉，大大提高对方的满意度，容易稳定情绪。

反馈式倾听需要通过明显的肢体、表情动作与特定的语言表现出与对方的交流互动。

4. 重复对方的话

在沟通中，可以将客户的谈话内容及思想整理后，再用自己的语言复述给对方。例如："为了使我理解准确，我和您再确认一下。您的意思是……您认为我理解的对吗？"对方一定会反过来专心听你重复的话，寻找错误或遗漏之处，以此来转移注意力，自然更利于缓和紧张气氛。

5. 转换场地

如果客户情绪依然没有稳定，则可以考虑更换谈话的场所，比如"这里房间小，凳子也不舒服，请您随我到另一间办公室吧，那里沙发坐着舒服，我再给你泡杯茶"等。通过场所与环境的改变，转移客户的心情与气愤的情绪，有助于缓和气氛，以改善或扭转局面。

6. 认真处理

无论客户情绪如何，其最终目的仍然是解决问题。工作人员可以遵照投诉处理流程认真为客户办理，让他感到问题已在处理中，自然会逐渐平静下来。一般的投诉处理流程如下：

（1）准备好表格，请客户填写。这样会让客户感觉处理的程序非常规范，自己的投诉得到了重视。

（2）用随身携带的小本子，记录客户的投诉要点，承诺一定会重视，并认真处理。

这些行动都是告诉客户已经达到了投诉的目的，帮助其稳定情绪，为顺利解决客户反映的问题提供理想的谈判环境。

三、客户投诉处理的禁忌

（1）缺少专业知识，不能满足客户对产品或服务的了解或使用要求。

（2）怠慢客户，缺乏耐心，急于打发客户。

（3）欠缺诚意，急于为银行方面的问题与责任进行开脱。

（4）过度承诺或越权解决超出自己职责范围的事项。

（5）过高估计与客户的亲密程度，滥用幽默而降低在客户心中的形象。

（6）想当然的心态，用自己对产品和服务了解的程度默认客户的认知度。

（7）夸夸其谈，给客户更多的机会发现问题，反而将矛盾或冲突升级。

◁ 技能训练

一、案例分析

案例 1	一天下午，某银行行长李某接到宝华集团财务总监打来的电话，告知原定于下周一关于项目贷款的会谈延期。此项目是该银行经过长达5个月的公关才取得了一定的进展，眼看要进入签约阶段，对方却主动提出会谈延期，让李行长深感突然。经过多方了解后得知，原来是宝华集团的一名财务人员到该行柜台办理票据业务时，银行职员效率低下且服务态度不好。这名财务人员回去向财务总监说明了情况，宝华集团领导层认为该行如此的服务反映了其综合服务水平，决定暂时搁置项目。 提问：1. 本案例说明了什么问题？ 　　　2. 银行应该怎样处理？
案例 2	一天上午，某银行收到当地一家知名大型企业的电话通知，要将本来在该行进行代发工资业务转往他行或改发现金。行长得知后立刻召集有关部门负责人，成立一个专门小组前往该企业详细了解情况。 提问：1. 请分析企业这样做的原因是什么？ 　　　2. 遇到这种情况，银行应该怎样处理？

二、情景训练

1．活动一：客户要投诉工号为 457769 的员工，称该员工告知的营业时间信息有误，使自己白跑一趟，没有办成业务。

2．活动二：客户投诉工号为 834963 的员工，称其允诺他 3 天之内予以答复，但现在已经第 5 天了，还没有任何音讯。

3．活动三：客户投诉某位员工，称对其服务不满。但经查，该员工服务没有问题。此客户为该行的企业大客户。

4．活动四：客户对某项业务收费有疑问，要求退还收费，否则将向上级管理部门投诉和举报。

请将上述内容分小组进行演示，一组扮演客户，一组扮演银行工作人员；每组要事先做好准备，由教师对各组的情景模拟训练进行点评。

◀◁ 效果评价

根据训练成果，完成以下课题评价表（见表 7-2）。

表 7-2　应对客户投诉课题评价表

合计得分＿＿＿＿＿

考 核 项 目	评 价 标 准	得分/分
职业素养（20分）	1．按时出勤，课堂表现好（10分）	
	2．仪容仪表标准规范（10分）	
关键能力（60分）	1．能够掌握客户需求（10分）	
	2．按照投诉处理的原则和步骤处理投诉（10分）	
	3．妥善应对不同情况下的客户投诉（10分）	
	4．熟练运用几种应对技巧（10分）	
	5．正确引导客户思路（10分）	
	6．圆满解决客户投诉（10分）	
知识技能（20分）	1．能够在情景训练中运用投诉处理的知识点（10分）	
	2．能够对情景训练提出建议与改进方案（10分）	
心得体会		

◀◁ 拓展训练

收集与整理国内各家银行正确处理客户投诉的案例和解决之道，然后谈一谈自己的收获。

◀◁ 模块小结

通过本模块的学习，使学生了解在银行工作中矛盾和投诉产生的原因，能运用相关的知识避免纠纷的产生。

通过本模块的学习，使学生在今后的银行工作中掌握处理矛盾和投诉的方法与技巧。

模块八　银行涉外服务技巧

模块简介
- 学习与掌握简单的银行英语口语
- 掌握涉外接待的基本礼仪
- 了解一些国家的礼节和主要禁忌

学习目标
- 运用简单的银行英语口语接待外宾
- 掌握日常接待服务用语
- 掌握银行业务中的基本服务用语
- 掌握常用的基本句型及运用
- 学会运用适当称呼
- 了解日常工作中的基本礼仪与主要禁忌

课题一　掌握简单的英语服务口语

◀◁ 课题描述

　　随着我国对外经济文化合作交流活动日益频繁，我们在银行的日常业务中经常会遇到外宾前来办理业务。因此，银行工作人员熟练地掌握与运用简单的外语进行交流与沟通成为一项必备素质与能力，例如用英语向客户自我介绍、打招呼、询问、回答客户问题等，以及协助客户完成常规的银行业务。

◀◁ 学习目标

　　正确熟练地使用简单的英语口语，能够得体地接待外宾，完成简单的存取款、货币兑换的基本银行业务。

◀◁ 实训准备

一、实训人员组织

全班按每组 4～6 人分组（最好双数分组）。各组组长对组员进行分工，并两两进行训练。

二、实训时间安排

本实训安排为 2 课时，每个学生训练时间不少于 5～10 分钟。

◀◁ 知识准备

一、日常业务中常见的实用型问候语

Good morning, sir.　早上好，先生。

Good afternoon, madam.　下午好，女士。

How are you？　您好？

I'm glad to meet you.　很高兴遇见您。

Nice to see you.　见到您真好。

Nice to meet you.　遇到您真好。

二、日常业务中常见的接待型用语

1. 询问要求

Is there anything I can do for you?　我能为您效劳吗？

May I help you?　需要帮忙吗？

What can I do for you?　我能帮您做点什么？

2. 请求重复

I beg your parden.　请您重复一遍。

Beg you parden.　请您重复。

Parden, please.　请重复。

Would you mind repeating your question?　您介意我复述一下您的问题吗？

Could you repeat that?　您能重复一下吗？

3. 请求稍候

Please wait a minute.　请稍等。

Just a minute/moment, please.　请稍候。

One minute/monment, please.　请稍候。

I'm sorry to keep you waiting, sir.　抱歉让您久等，先生。

I'll be with you in a monment/minute.　我一会再来找您。

Would you mind taking a seat while I check our records?　您请坐一下，待我查询记录。

4. 指方向

Follow me, please.　请跟我来。

This way please.　请走这边。

Please go up to the second floor.　请上二楼。

Go down to the lobby, please.　请到大堂。

It's over there.　在那边。

5. 要求对方做

Will you…please?　您可以…吗？

Would you mind…?　您介意…吗？

6. 表示感激 / 感谢

Thanks.　谢谢。

I appreciate that…　我很感激…。

It's very kind of you.　您真是太好了。

Thank you very much.　非常感谢。

I appreciate it.　我很感激。

7. 表示肯定

All right.　没错。

Sure.　肯定的。

Of course.　当然。

Okay.　好的。

That's right.　那就对了。

8. 表示不确定

I'm not sure.　我不确定。

I guess not.　我猜不是。

Probably not.　可能不是。

三、日常业务中常见的存款用语

deposit book　　　　　　　　　　　　　存折

deposit receipt	存款凭证
deposit form	存款单
business deposit	商业存款
savings deposit; demand deposit	活期存款
fixed deposit; time deposit; term deposit	定期存款
call deposit;notice deposit	通知存款
RMB deposit	人民币存款
foreign currency deposit	外币存款
offshore deposit	境外存款
personal deposit	个人存款
private deposit	私人存款
retail deposit	小额存款
wholesale deposit	大额存款

四、日常业务中常见的取款业务词汇

withdrawal	提款，取款
to draw/withdraw	提取，领取
withdrawal slip	取款凭条
overdraft;overdraw	透支
par value; face value	票面价值，面值
change	零钱
balance	结余，余额
currency	通货，货币
cash	现金
ready money	现金，现款
fund	资金，基金

五、日常业务中常见的汇款业务词汇

remittance	汇款
to remit/send money	汇寄，汇款
transfer	转账
inward remittance;incoming remittance	汇入汇款
telegraphic transfer(T/T)	电汇
demand draft	即期票汇
mail transfer	信汇
remitter	汇款人
remittance advice;remittance notice	汇款通知

六、日常业务中常见的货币兑换业务词汇

foreign exchange	外汇
exchange form	兑换单
cash a check; pay cash	兑现
currency exchange; money exchange	货币兑换
foreign exchange quotation	外汇行市
interest rate	利率
exchange rate; foreign exchange rate; rate of exchange	汇率，兑换率
selling rate; offer rate; offer price	卖出价
buying rate; bid rate; bid price	买入价

◁ 技能训练

一、分组进行情景对话

对话1：

银行职员：早上好！您有什么需要帮助的吗？

客　　户：我想办理一张信用卡。请问在哪儿办理？

银行职员：请您到这边办理。

客　　户：谢谢。

对话2：

银行职员：下午好，请问您办理什么业务？

客　　户：我想在我的账户中存一些钱。

银行职员：好，我马上为您办理。

客　　户：谢谢！

对话3：

客　　户：你好，你能帮我一个忙吗？

银行职员：当然可以，请问我能帮您做什么？

客　　户：我想取点钱。

银行职员：请问您要取多少钱？

客　　户：4 000元。

银行职员：请您填写取款单。

客　　户：好的。

银行职员：请输入您的密码。

客　　户：好的。

银行职员：您的密码输入有误，请您再试一次。

客　　户：这次输入正确吗？

银行职员：是正确的。请您稍等片刻，我再点一次。这是您的钱和存折。

客　　户：谢谢。

银行职员：很乐意为您效劳。

对话 4：

银行职员：早上好，夫人。我能为您做什么？

客　　户：我有一笔由华盛顿寄来的 1000 美元的汇款，它到了吗？

银行职员：我帮您查查，夫人。请问您的姓名？

客　　户：我叫凯特·布朗。

银行职员：谢谢您。请您稍等片刻。您的钱已经到账了。

客　　户：很好。

银行职员：请问您是按美元取款还是按人民币取款？

客　　户：我想取 600 美元，其余 400 美元兑换成人民币。

银行职员：好的，夫人。这是您的钱，请您拿好。

Dialogue 1:

Bank Clerk: Good morning, sir. What can I do for you?

Customer: Good morning.I'd like to apply a credit card.Could you tell me where I shall go?

Bank Clerk: Yes.This way, please.

Customer: Thanks.

Dialogue 2:

Bank Clerk: Good afternoon, madam. May I help you?

Customer: Yes. I'd like to deposit some money in my account.

Bank Clerk: Okay, I will handle it for you.

Customer: Thanks.

Dialogue 3:

Customer: Excuseme.Could you do me a faver?

Bank Clerk: Of course. What can I do for you?

Customer: I want to draw some money.

Bank Clerk: How much money do you want to withdraw?

Customer: 4 000 Yuan.

Bank Clerk: Please fill out the withdrawal form.

Customer: OK.

Bank Clerk: Your password, please.

Customer: OK.

Bank Clerk: Your password does not match. Please try again.

Customer: Is it right this time?

Bank Clerk: Yes, it is.Please wait for a minute I'll count it again. Here is your money and deposit book.

Customer: Thanks very much.

Bank Clerk: My Pleasure.

Dialogue 4:

Bank Clerk: Good morning, madam. Can I help you?

Customer: Yes.I have a remittance of 1000 dollors from **Washington**. Has it arrived?

Bank Clerk: Let me check the records, madam. May I have your name Please?

Customer: My name is Kate Brown.

Bank Clerk: Thank you. Please wait a moment. The remittance has arrived.

Customer: Very good.

Bank Clerk: How would you like to have it in US dollars or Chinese Yuan？

Customer: Well, can I have six hundred in US dollars and other four hundred dollars exchange to RMB?

Bank Clerk: Certainly, madam. Here you are.

二、情境训练与展示

训练一：请熟读并背诵上述中英文对话。

训练二：请分组训练以上 4 组英文对话，组员分别扮演银行职员与客户。

要求：

1. 请各组运用正确的语音、语气、语调、语速模拟情境对话进行训练，时间为 15 分钟，然后由教师在每组随机抽取两位同学在全班展示并评定成绩。该成绩将成为该组知识技能的成绩。

2. 情景训练完毕，请各组总结需要改进之处。

◀◁ 效果评价

根据训练成果，完成以下课题评价表（见表 8-1）。

表 8-1　银行业务中英文对话课题评价表

合计得分＿＿＿＿＿＿

考核项目	考核标准	得分 / 分
职业素养（20 分）	1. 按时出勤，课堂表现好（10 分）	
	2. 仪容仪表标准规范（10 分）	
关键能力（60 分）	1. 认真并大声朗读中英文对话练习（10 分）	
	2. 认真并分组进行对话练习（10 分）	
	3. 在情境训练中能与他人配合开展训练（10 分）	
	4. 遇到问题能主动寻求帮助（5 分）	
	5. 能够解决活动中遇到的问题（10 分）	
	8. 展现良好的团队合作精神（10 分）	
	9. 展现一定的组织协调能力（5 分）	
知识技能（20 分）	1. 能够熟练地掌握英文对话练习（5 分）	
	2. 能够运用正确的语音、语气、语调、语速模拟情境对话（5 分）	
	3. 能够对案例提出建议或改进的方案（10 分）	
心得体会		

◀◁ 巩固练习

练习一：英国人怀特（White）先生到银行办理汇款业务，要求把钱汇往巴黎，询问工作人员到哪个柜台办理，工作人员请他到二楼的外汇专柜办理。

练习二：来自美国的格蕾丝·凯丽（Grace kelly）女士到银行存款。银行工作人员礼貌地接待了她，询问她要办理活期还是定期储蓄，是人民币存款还是外币存款。凯丽女士告知要办理定期外币储蓄。工作人员在得知她是第一次来存款时，还详细地向她介绍了定期储蓄业务。凯丽女士选择存一年。工作人员立即指导她填写凭条并迅速办理完业务。

练习三：汤姆到银行办理汇款业务，打算信汇 1 000 英镑到伦敦，并希望对方一星期内收到，但得知信汇要两个星期才能到账，所以接受了银行工作人员的建议，采用电汇汇款。

练习要求如下：

1. 根据银行的业务要求设计中文对话。
2. 根据中文对话业务写出英文对话。
3. 熟练掌握以上业务的英文对话，能运用正确服务接待的礼仪与知识，脱稿进行情境训练。

◀◁ 拓展训练

收集一些关于银行业务的英语情景对话小案例，并对情景案例进行反复练习，熟练掌握银行业务英语对话。

课题二　掌握主要国家的礼仪和禁忌

◀◁ 课题描述

不同国家和地区的礼仪的形成离不开其特有的历史背景和具体的社会环境。与中国传统风俗习惯和交往方式不同，其他国家由于自己独特的历史渊源、文化环境、政治背景、民族特色，形成了自己独特的礼仪和禁忌风俗。因此在涉外银行服务中，接待外国客户时要能够使用恰当的国际礼仪开展业务。

◀◁ 学习目标

会运用适当称呼，掌握日常服务、交往的基本礼节；能够运用恰当、得体的礼仪接待外国客户；掌握一些主要国家的礼仪和禁忌。

◀◁ 实训准备

一、实训人员组织

全班按每组4～6人分组（最好双数分组）。各组组长对组员进行分工，并两两进行训练，模拟接待来自不同国家和地区的客户办理银行业务。

二、实训时间安排

本实训安排为2课时，每组学生训练时间不少于10分钟。

◀◁ 知识准备

一、涉外礼仪中的恰当称呼

在国外有些称呼不能使用，比如"老人家"、"同志"等，而最常用的称呼一般称男士为先生，称已婚女士为夫人或太太，称未婚女士为小姐。如果不知道对方是否已婚，应该称呼其为小姐或者女士。这样称呼通常比较正式，没有太多的感情色彩。在这些称呼前面可以加上姓名，也可以只带上姓，但不能单独带名，比如凯特·布朗夫人或布朗夫人，不能称呼凯特夫人。

二、一些主要国家的礼节和禁忌

由于历史背景及文化传统的不同，每个国家都有各自不同的接待礼仪和接待禁忌。掌握一些国家的基本礼节和禁忌，对于做好银行涉外服务工作具有重要的意义。

（一）美国

1. 礼貌礼节

美国人讲礼貌但又不拘泥于繁文缛节。在他们看来，轻松随意的方式就是一种礼节。美国人的见面礼非常简单，在一般情况下，他们很少主动与人握手，与人打招呼时，仅仅是微笑点点头，或者说一声"嗨"。只有在特别正式的场合，美国人才会同对方握手，他们手握得很紧，并且目光一定是正视对方，微屈身，只有这样，才认为是有礼貌的举止。对于亲朋好友，他们一般会和对方拥抱。

2．主要禁忌

（1）美国人忌用蝙蝠作为商品或包装品的图案，因为他们认为蝙蝠是吸血鬼和凶神的象征。他们还忌讳黑猫，认为黑猫会给人带来厄运。

（2）美国人忌讳"13"、"星期五"和"3"。他们认为这些数字和日期都是厄运和灾难的象征。

（3）美国人忌讳黑色，认为黑色是肃穆的象征，一般在葬礼上使用黑色。

（4）美国人送礼物时忌讳带有本公司标志的物品，否则可能会被人认为是在为公司做广告；忌讳随便给女性送香水、化妆品、衣物之类的礼物，而且所送礼物的数量最好不要是单数。

（5）美国人在行为方面忌讳穿着睡衣出门或者会客。他们认为穿着睡衣出门或会客就相当于没有穿衣服，这是很不礼貌的行为。他们还忌讳穿着睡衣去开门迎接客人，这会被客人误解为主人要休息了，来得不是时候。

（6）美国人还忌讳当众挖耳朵、抠鼻孔、打喷嚏、伸懒腰、咳嗽等，并且忌讳有人冲自己伸舌头，认为这是侮辱人的动作，忌讳在用餐时使用牙签以及在进餐时打嗝等。

3．主要喜好

（1）美国人在自我介绍时，喜欢对自己的情况实话实说，而且越真实越好，厌恶那些谦虚、客套的表白。过分的客套对他们来说是一种无能的表现。

（2）美国人在公共场所就座时，一般都让长者和妇女坐在右边；走路时也要让长者和妇女走在右边。

（3）美国人以好客著称。为了表示友好，使客人感到轻松随意、不拘束，他们一般乐于在自己家里宴请客人，而不习惯在餐馆请客。

（4）美国人很健谈，喜欢边谈边用手势比划；彼此间习惯于保持一定的距离，一般以50厘米左右间距为宜。他们喜欢自由自在地行动，不受约束。与美国人约会，他们一般不会提前到达，而是准时到达。

（5）美国人喜爱白色，认为白色是纯洁的象征；偏爱黄色，认为是和谐的象征；喜欢蓝色和红色，认为是吉祥如意的象征。他们喜欢白猫，认为白猫可以给人带来运气；欣赏白头鹰，认为它威武强悍，把它敬为国鸟，并作为国徽的图案。

（6）美国人在社交场合与客人握手时，还有这样一些习惯和规矩：如果两人是异性，要待女性先伸出手后，男性再伸手相握；如果是同性，通常应年长人先伸手给年轻人，地位高的伸手给地位低的，主人伸手给客人。亲吻礼是在彼此关系很熟的情况下施行的一种礼节。

（7）美国人社交场合有男子要谦让女士优先的惯例。与美国人约会和作客都要事先安排。美国人不随便送礼，只有在朋友生日、结婚或节日才互送礼物，礼物以鲜花、贺卡、糖果等为主，不要求价格昂贵和新奇独特。收到礼物一般要当面打开，表示感谢；而随手放在一边，置之不理是很不礼貌的行为。

（二）英国

1．礼貌礼节

英国人一般保守谨慎，矜持庄重，习惯与人保持距离。英国人待人彬彬有礼，讲话十分客气，"谢谢"、"请"不离口。

英国人重信守约，与人约会时一般会准时赴约。与英国人交谈时，忌讳自吹自擂、夸夸其谈，否则会被认为是缺乏教养的表现。给英国人送礼时不能送贵重的礼品，否则会被认为有行贿之嫌。

英国人注意服饰穿戴，养成了传统的"绅士"和"淑女"风度。英国人盛行女士优先原则，例如走路要让女士走在前面，乘电梯、乘公共汽车等都是女士优先，要先给女宾或女主人斟酒。

2. 主要禁忌

（1）英国人忌讳"13"和"星期五"，很忌讳黑猫，并对大象、孔雀、猫头鹰的图案也很反感。

（2）英国人还忌讳当众打喷嚏，忌讳有人打碎玻璃，并且忌讳百合花和菊花。

（3）英国人同别人谈话时，忌讳随便与人拍拍打打，在别人面前互相耳语和有人用手捂着嘴巴朝他们笑。他们会认为这是嘲笑，这些都是非常失礼的行为。

（4）英国人忌讳送百合花，百合花在英国人的心目中一般用于殡葬。

（5）英国人有排队的习惯忌讳不排队的行为。

（6）英国人最忌讳的是砍价。他们不喜欢讨价还价，认为这是很丢面子的事情。如果你购买的是一件贵重的艺术品或数量很大的商品，你需要小心地与卖方商定一个最终的价钱。英国人很少讨价还价，如果他们认为一件商品的价钱合适就买下，不合适就走开。

（7）英国人忌讳谈论男人的工资和女人的年龄。

（三）法国

1. 礼貌礼节

法国是个以礼仪著称的国家，谦恭礼貌是法国人一直引以为豪的传统。法国人见面打招呼，最常见的方式莫过于握手。

在正式场合一般要穿礼服。男士所穿的多为燕尾服或是黑色套装；女士所穿的则多为连衣裙式的单色大礼服或小礼服。

与英国人和德国人相比，法国人在待人接物上表现是大不相同的，主要有以下特点：

一是爱好社交，善于交际。二是诙谐幽默，天性浪漫。他们大都爽朗热情，善于雄辩和高谈阔论，好开玩笑，爱冒险，喜欢浪漫的经历。三是渴求自由，不大喜欢集体行动。与法国人打交道，约会必须事先约定，并且准时赴约，但是也要对他们可能的姗姗来迟事先有所准备。四是法国人拥有极强的民族自尊心和民族自豪感。与法国人交谈时，如果能讲几句法语，一定会使对方热情有加。

2. 主要禁忌

（1）法国人忌讳送人菊花、杜鹃花以及黄色的花，不要送带有仙鹤图案的礼物和核桃，因为他们认为仙鹤是愚蠢的标志，而核桃是不吉利的象征。

（2）法国人忌讳的数字"13"和"星期五"。

（3）法国人对礼物十分看重，但又有其特别的讲究。给法国人送礼宜选具有艺术品位和纪念意义的物品，不宜送刀、剑、剪、餐具或是带有明显广告标志的物品。男士向普通关系的女士赠送香水，也是不合适的。在接受礼品时若不当着送礼者的面打开包装，则是一种无礼的表现。

（4）不得提出年龄、职业、婚姻状况、宗教信仰、政治立场以及个人收入这类问题。

3. 主要喜好

法国人十分讲究饮食。法国人爱吃面包、奶酪、牛肉、猪肉、鸡肉、鱼子酱、鹅肝，不吃肥肉、宠物、鹅肝以外的动物内脏、无鳞鱼和带刺骨的鱼。法国人特别讲究在餐桌上以不同品种的酒水搭配不同的菜肴。法国人用餐时，两手允许放在餐桌上，但不许将两肘支在桌子上。

（四）德国

德国人在待人接物时所表现出来的独特风格，往往会给人以深刻的印象。比如，纪律严明，法制观念极强；讲究信誉，重视时间观念；极端自尊，非常尊重传统；待人热情，十分注重感情。

必须要指出的是，德国人在人际交往中对礼节非常重视。与德国人握手时，务必要坦然地注视对方，握手的时间宜稍长一些，晃动的次数宜稍多一些，握手时所用的力量宜稍大一些。重视称呼是德国人在人际交往中的一个鲜明特点。对德国人称呼不当，通常会令对方大为不快。一般情况下，切勿直呼德国人的名字。应称其全名，或仅称其姓。与德国人交谈时，要注意"您"与"你"的区分。对于熟人、朋友、同龄者方可以"你"相称。在德国，"您"表示尊重，称"你"则表示地位平等、关系密切。

（五）俄罗斯

在交际场合，俄罗斯人习惯于和初次会面的人行握手礼。但对于熟悉的人，尤其是在久别重逢时，他们则大多要与对方热情拥抱。在迎接贵宾之时，俄罗斯人通常会向贵宾献上"面包和盐"。这是给予对方的一种极高的礼遇，来宾必须对其欣然笑纳。在正式场合中，他们也采用"先生"、"小姐"、"夫人"之类的称呼。俄罗斯人非常看重社会地位，因此对有职务、学衔、军衔的人，最好以其职务、学衔、军衔相称。

（六）日本

1. 礼貌礼节

日本人认为，问候应当以动作问候为主。相互问候时，忌讳以眼斜视或者对视，应将目光集中在第二级目视部位区域。遇见熟人时，常常施屈体礼。如果双方关系密切还可施握手礼等。

在一般情况下，日语中的敬语完全取代了人称，因此正确使用敬语对于日本人来说至关重要。在公共场合，不给别人添麻烦是日本人首先需要考虑的事情。言谈中，不要使用与自己职业或者专业相关的高深词汇，不要过多使用外语，禁止炫耀自己博学，不谈论宗教与政治话题。

日本人的告辞礼是向对方表示自己诚意的手段。告辞礼以屈体礼为主。屈体礼讲究眼神，通过眼神将自己的诚意传递给对方。

2. 主要禁忌

日本人大多信奉神道和佛教，不喜欢紫色，认为紫色是悲伤的颜色；最忌讳绿色，认为绿色是不祥之色；忌讳三个人合影，认为中间的人被左右两人夹着，是不幸的预兆；忌讳荷花，认为是丧花。日本人不愿接受菊花及带有其标志的物品，因为菊花是皇室家族的标志。

日本人忌讳"苦"和"死"，就连谐音也会在忌讳之列，例如数字"4"（同"死"）和"42"（同"死去"的动词形）。此外，日本人也忌讳数字"13"。在与人交谈中，忌讳谈及人的生理缺陷；喜庆场合和开业庆典时，不能说不吉利和凶兆的话。

日本人在社交场合讲究规矩和行为举止规范。送礼时，要送双数，采用花色纸包装。接待客人要在会议室或者接待室，而不是办公室。日本不流行宴会，商人也没有携带夫人出席宴席的习惯。进入日本人的住宅时必须脱鞋，不得窥视主人家的厨房。

（七）韩国

1. 礼貌礼节

在韩国，与人见面或分手时都要施以鞠躬礼，男子习惯微微鞠躬后握手，女子一般情况下不与男子握手，只是鞠躬或点头致意。韩国人在称呼他人时爱用尊称和敬语，很少直接叫对方的名字。

2. 主要禁忌

韩国人忌讳"4"，同样也不喜欢数字"13"。在商务会谈时，忌做手势和过于兴奋；回答问题时忌长篇大论。

◁ 技能训练

一、教师讲解各国的社交礼仪后，学生分组讨论并填写下列表格（见表8-2）。

表8-2　各国主要礼仪与禁忌

	礼貌礼节	主要禁忌	主要喜好
美　　国			
英　　国			
法　　国			
德　　国			
俄 罗 斯			
日　　本			
韩　　国			

二、学生分组演练涉外社交礼仪，教师评分。

◁ 效果评价

根据训练成果，完成以下课题评价表（见表 8-3）。

表 8-3　涉外礼仪中的常规应对技巧课题评价表

合计得分_____

考 核 项 目	考 核 标 准	得　分
职业素养（20分）	1. 按时出勤，课堂表现好（10分）	
	2. 仪容仪表标准规范（10分）	
关键能力（60分）	1. 认真完成分组练习（20分）	
	2. 认真进行情境训练（10分）	
	3. 在情境训练中能与他人配合开展训练（10分）	
	4. 能够解决活动中遇到的问题（10分）	
	5. 展现良好的团队合作精神（10分）	
知识技能（20分）	1. 能够简单介绍某一国家的风俗习惯及礼仪（10分）	
	2. 能够运用正确的方式进行模拟情境对话（10分）	
心得体会		

◁ 巩固练习

1. 银行客户经理张某在会客室接待一位美国客人。当见到对方时，张经理快步走上前去与客人拥抱，却发现这位美国客人没有热情回应，请问这样做对不对？应该怎样接待美国客人？

2. 给法国客人送礼时应注意什么问题？

◁ 拓展训练

1. 收集并观看一些有关各国风俗习惯的视频资料影片。
2. 搜集并整理有关各国的风俗礼仪与接待的英文对话练习。

◁ 模块小结

通过本模块的学习，使学生了解各个国家的风俗习惯与禁忌，从而在今后的金融行业工作中，接待外宾时，正确运用相关礼仪与禁忌知识，完成接待工作。

参 考 文 献

[1] 徐敬泽. 银行窗口服务礼仪 [M]. 厦门：鹭江出版社，2009.

[2] 王华. 金融职业礼仪 [M]. 北京：中国金融出版社，2006.

[3] 黄剑鸣. 现代商务礼仪 [M]. 北京：中国物资出版社，2006.

[4] 胡爱娟. 商务礼仪实训 [M]. 北京：首都经济贸易大学出版社，2008.

[5] 翁海峰. 职业礼仪规范 [M]. 北京：机械工业出版社，2009.

[6] 王华. 金融职业服务礼仪 [M]. 北京：中国金融出版社，2009.

[7] 张琳. 银行礼仪：张琳谈服务行为规范 [M]. 北京：中国金融出版社，2009.

[8] 王华. 金融职业礼仪 [M]. 杭州：浙江大学出版社，2010.

[9] 张秋筠. 商务沟通技巧 [M]. 北京：对外经济贸易大学出版社，2010.

[10] 黄兰民. 香港银行管理细节 [M]. 北京：经济管理出版社，2006.

[11] 保罗·蒂姆. 客服圣经 [M]. 丰祖军，张朝霞，译. 北京：中国人民大学出版社，2009.

[12] 何冯虚. 银行客户服务技巧运用 [M]. 北京：高等教育出版社，2007.

[13] 张琳. 银行礼仪 [M]. 北京：中国金融出版社，2009.

[14] 王华，叶少航，吕虹. 金融职业礼仪 [M]. 杭州：浙江大学出版社，2010.

[15] 张秋筠，宇卫昕. 商务沟通技巧 [M]. 北京：对外经济贸易大学出版社，2010.